「売り言葉」と「買い言葉」

心を動かすコピーの発想

岡本欣也 Okamoto Kinya

NHK出版新書
412

まえがき

まずは、本書をお手に取っていただき、ありがとうございます。ご購入いただいたとしたら、心から感謝します。もし、立ち読みされているのなら、どうか書棚に戻さずに、そのままレジまでお持ちいただけるとうれしいです。

ごあいさつが遅れました、この本の著者である岡本欣也です。コピーライターをしています。

コピーライターとは、簡単に言えば広告の文章、いわゆるキャッチコピーなどを考える職業です。たとえば僕の場合、ホンダ、ＮＴＴドコモ、イオン、日本たばこ産業（ＪＴ）、日本郵政、キリンといったさまざまな企業の広告をいままで担当させていただきました。これらの企業が世間に広く伝えたいと思っていることを、より伝わりやすい言葉に変える。コピーライティングとは言わば、企業と世間とを橋渡しする「翻訳家」のような仕事でもあります。

そうした仕事をしている僕が本書を出させていただくことになったのは、広告を学びたい人を対象にしたトークイベントがきっかけでした。楽しみながら広告コピーへの理解を深めてもらおうと、ある試みを行ったのです。それは、いままでにない切り口で広告に使われているコピー（文章）を考察してみよう、というものでした。そう、本書のタイトルにもある「売り言葉」と「買い言葉」というふたつの視点で、広告コピーに僕なりの考察を加えたのです。

ここでいう「売り言葉」と「買い言葉」の定義は、辞書に載《の》っている本来の意味とはまったく異なります。詳しくは本文でご説明しますが、その定義も含めて好評だったことから、改めて一冊の本にまとめてみませんか、という光栄なお話をいただいたのです。

もともと、広告コピーは人の心を動かす言葉の宝庫です。ですから、広告業界で切磋琢《せっさたく》磨《ま》している人はもちろん、コミュニケーションを上達させたいと考えるすべての人に、ぜひもっと役立てて欲しい。コピーの発想の中から、たとえばSNSやメール、ビジネス文書などをぐんと魅力的にするためのヒントが見つかるかもしれません。

そういうわけで、広告業界の人に限らず、広く世の中の人に向けた本をつくるべく、僕の執筆作業がスタートしました。

まずはみなさんに、コピーをもっと好きになっていただきたい。そして、広告の言葉を通して、世の中をちょっと違った視点で眺めていただきたい。そういう想いがこの本にはかなりぎっしり、ちょっと過剰なくらい詰まっています。

それでは、行きつ戻りつ、ゆっくりとご覧ください。

#「売り言葉」と「買い言葉」――心を動かすコピーの発想　目次

まえがき……3

序　伝えるのが苦手な僕らへ……11
繊細な人ほど「伝わらない」と悩んでいる
コピーライターの発想法はみんなが使える発想法
「伝える」と「伝わる」はずいぶん違う
伝えて動かす広告人の基本姿勢
それでも僕らは伝えるために生きている

第一章　広告コピーは「売り言葉」と「買い言葉」でできている……27
人を動かしたコピーの名作
広告の言葉はほぼ二種類にわけられる

売り手目線の「売り言葉」
買い手目線の「買い言葉」
動かす言葉を意識してみる

第二章 「売り言葉」を考える——振り向かせるための発想法……43

相手に振り向いてもらうには
名前を名乗れば他人じゃなくなる
短くするほどたくさん伝わる
「〜しよう」は「売り言葉」の基本
ニュースがあるなら表現するな
数字にすると説得力が一桁違う
日本人も比較するのは嫌いじゃない
くり返すほど言葉は呪文になっていく
ダジャレは言葉の爆発だ

第三章 「買い言葉」を考える——共感を呼ぶための発想法……97

共感は最大の武器である

共感は自分の内側にある
ちょっと考えればわかる「?」をつくる
詩的だなぁ物語を感じるなぁというコピー
小さな声で話したほうがよく聞こえる
ニュアンスを大事にするなら文章は長くていいのだ
感覚に直接訴えかける
ひとつの切り口では語りきれない時代

第四章 「売り言葉」と「買い言葉」のまとめ……139
「売り言葉」の父は仲畑さんである
「買い言葉」の父は糸井さんである
売りであり買いであり
もういちど「売り言葉」の時代がやってきた
これが新しい時代の「売り言葉」です

第五章 人の心を動かす言葉……161
「ど真ん中の価値」を探す

自分にしつこく取材する
いいアイデアの下にもっといいアイデアがある
日本に足りない言葉はほめ言葉
最後まで読みたくなる文章の考え方
名前は最初に出会うキャッチコピー
紋切り型は元最強の文章だ
言葉を盗もう
文章を寝かせて自分も寝よう
日本語の力をあなたの力に
動かす言葉も見た目が9割
一緒に考える一緒に書く
「大人たばこ養成講座」のお作法

あとがき………210

序　伝えるのが苦手な僕らへ

繊細な人ほど「伝わらない」と悩んでいる

あなたはいま、どのような状況にいる人でしょう。僕と同じく、広告業界でよいコピー（文章）を生み出そうと汗を流している人でしょうか。それとも、ビジネスに欠かせないメールや企画書で、もっと上手なコミュニケーションがとれないかと考えている仕事熱心な人でしょうか。

いずれにしても、この本を手にしてくださったということは、人に自分の考えや気持ちをよりよく伝えたい、そう考えている人だと思います。

でも、僕はこう思います。その感覚は、人類共通のものではないかと。もちろん僕もそのひとりです。たとえ同じ言語を使っていたとしても、ひと言ひと言に込められる意味は、まったく同じではありません。生まれてはじめて富士山を見た人の「美しい」と、毎日のように富士山を見ている人の「美しい」は、同じ言葉でもほんのちょっとニュアンスが違う。その違いを言葉を発する人と受け取る人がお互いにがんばって埋めていく。そんな共同作業がコミュニケーションだとすれば、一〇〇パーセント伝わるほうがむしろ奇跡ではないでしょうか。

それに、国語の授業は学校でもありましたが、コミュニケーションの授業なんてありませんでしたよね。つまり、「伝える」ということに関しては、誰しも迷ったり、失敗したりしながら、少しずつ独学で身につけてきたわけです。おそらくその過程で一度も壁にぶつからなかった人なんていないのではないでしょうか。中には、自分はもともと伝えるのが上手だと言う人もいますが、もしかしたら「伝えた気になっている」だけかもしれません。むしろ、繊細な人ほど言葉やコミュニケーションにおいて「伝わらない」と悩みを抱えている。そんな気がします。

というわけで僕は、「伝える」という行為は人類共通の課題と考えているのですが、その一方で、これほど魅力的な行為もほかにはないと思います。みんなが同じように修得できるということは、がんばった分だけ、より磨き上げることができるということだからです。

その事実にみんなが気づき「伝え方」を磨いたら、この世界はもう少しすれ違いのない世界になるのではないか。そんなふうに思います。だから僕は、伝えることに苦手意識を感じている人の可能性に期待せずにはいられません。苦手意識は、言い換えれば成長の伸びしろです。そういう人こそ、これから世の中に幸せをふやしていける人なのではないでしょうか。

僕もまだまだ修業中。これから一緒にがんばりましょう。

コピーライターの発想法はみんなが使える発想法

本書のメインテーマである「売り言葉」と「買い言葉」について書く前に、そもそも広告コピーとは何か、コピーライターとはどんな職業かをご説明しましょう。あなたがもし、広告業界で働く人であれば、斜め読み程度にお付き合いください。

広告そのものについては、言うまでもないでしょう。テレビや新聞、雑誌、電車、ネットなどに、企業や団体、商品、サービスを宣伝するために掲出《けいしゅつ》されるもののことです。ふつうに生活をしていて、広告をまったく目にしない日は、おそらく一日もないでしょう。

そしてコピーとは、その広告に使われる言葉や文章のこと。読み手の興味を喚起するキャッチコピーと言われる大見出しや、キャッチコピーを受けて、より詳しい情報を補足的に記述するボディコピー、そのほかにも企業や団体をワンフレーズで表現するスローガンや、テレビCMのナレーションなど、広告に使われるすべての言葉、文章がコピーと呼ばれます。

そして、これらのコピーをつくるのが、僕たちコピーライターです。簡単に言えば、広告における言葉のプロフェッショナル。クライアント企業や、彼らが世の中に広めたい商品やサービスを深く理解し、どんな情報を、どのような言葉で表現すればファンをふやすことができるのかを考えます。人と同じように、企業もまた、自分自身のことほどうまく伝えられないものです。そこで僕たちが、客観的な視点から「この部分を伝えてファンをふやしましょう」といった提案や「そこを強調しても、あまり興味をもってもらえないかもしれませんよ」といったアドバイスとともに、効果的に伝えるための言葉を考えるのです。

また、最近ではインナーブランディングと呼ばれる領域にも活動の場を広げています。クライアント企業が、社外の人ではなく、自社の社員に向けて情報やメッセージを発信するケースがふえているのです。わかりやすい例として、企業理念があります。経営者の想いや企業のビジョンを言語化することで、社員の気持ちをひとつにしたり、士気を高めたりする。広告とはちょっと違う領域ですが、同じく言葉や文章の力が必要とされる仕事だというわけです。

いかがでしょう。広告コピーやコピーライターについて、多少なりともイメージしていただけたでしょうか。

じつは、コピーライターの発想や技術は、広告だけに有効な特殊技能ではありません。僕はコピーライターの技を広告業界だけにとどめず、ひとりでも多くの人に使っていただきたいと思っているのです。ビジネスパーソンなら、企画書の説得力がちょっとアップするかもしれません。営業さんなら、セールストークに磨きが掛かるかもしれません。管理職の方ならチームがまとまり、より高い目標を達成できるかもしれません。もちろん、ビジネスシーンだけに限りません。たとえば、気になる女の子とデートがしたいときのひと言とか、落ち込んでいる友だちをはげますひと言など、ふだんの生活でもいくらでも使う機会はあるはずです。

実際、SNSやメールの普及によって、言葉や文章をつくる機会は格段にふえました。そういう意味では、コピーライターの発想法は、人生をよりよく生きるために、誰にとっても役に立つ可能性がある。その方法を本書を通じてぜひ修得して欲しいと思います。

「伝える」と「伝わる」はずいぶん違う

企業や、商品、サービスを世の中に伝えることがコピーライターの仕事だと書きましたが、さらにここでは、僕たちにとって「伝える」「伝わる」とは、どういうことかについて説明したいと思います。

というのも、情報を正確に伝えるだけでは、コピーライターの仕事としては不十分なのです。伝えることを通じて、動かす。それが、僕らに求められていることです。つまり、コピーライターとは、言葉で人を動かす仕事とも言えるのです。

でも、これはコピーライターに限った話ではありません。人が何かを伝えようとしたとき、その根底には相手の気持ちを動かしたい、そして行動をうながしたいという目的がある場合がほとんどではないでしょうか。

ところが多くの人は「どう伝えるか」は考えるけれど、「どう動かすか」という発想ではコミュニケーションをはかっていないように感じます。「伝える」という手段が目的になってしまい、本当の目的である「動かす」にまで想いがいたっていないという印象です。

偉そうに言っていますが、かつては僕もそうでした。「伝える」ことに一生けんめい。一字一句を正確に伝えた後で、相手に不思議な顔をされたり、「で、どうして欲しいの?」と尋ねられたりしました。

それが、いまではコピーライターという仕事を通じて、伝えることの先にある、行動をうながすことを意識するようになりました。仕事に限らず、ふだんの生活でも「この人の共感を誘うにはどうしたらいいのかな」とか、「どうしたら気持ちよく協力してもらえるかな」といったことを自然に考えるのがクセになっています。行動につなげるための共感。それを生むために、伝える中身や順番を逆算しているような感覚です。

だから、思うのです。コミュニケーションに課題を感じている人の多くは、ここでつまずいているのではないかと。よりよく伝わる言葉とは、すなわち相手の心を動かし、行動をうながす言葉のこと。じつはこの点をほんの少し意識するだけでも、見えてくる世界はこれまでとはずいぶん変わってくるはずです。

伝えて動かす広告人の基本姿勢

伝わる言葉とは、相手の心を動かし、行動をうながす言葉だと先述しました。

では、そんな言葉を生み出すためにはどうしたらいいのでしょうか。僕の場合は、相手の意識と自分の意識をできるだけ重ね合わせるよう、努めるところからはじめます。そのときに大切なのは、相手のことを好きになる姿勢です。

その人の気持ちを動かす前に、まず自分の気持ちを動かすこと。

そんな心掛けこそが何よりも重要なのだと思います。

相手を好きになれば、「これは相手にとって知りたい情報かな?」「僕が期待している行動は、この人にとってもメリットがあるかな?」という意識が芽生える。そうすると、伝え方は自然と変わっていくものです。相手への配慮が伝われば、ほとんどの人がこちらの話を自分のこととしてとらえてくれたり、自発的な行動をしてくれたりします。表面的な伝え方のテクニックだけで自分の要望を通そうとしても、なかなかこうはいかないでしょう。

相手に動いてもらいたいときほど、こちらも相手の要望をかなえるようにしたほうがいいのです。九割はその人に応え、残り一割で自分の外せない目的を達成する。極端に思われるかもしれませんが、割り合いは一割だったとしても、その内容は一〇〇パーセントかなえてもらうくらいのほうが、相手の自発的な行動をうながしやすいと思います。そもそも相手が好き、という気持ちがベースにあれば一割でも苦になりません。

一方で、相手を好きになるにも、コツがあると感じています。大前提として言えるのは、その人を理解すること。そのために、できるだけその人に詳しくなること。僕の場合、仕事の話に限らず、たくさん質問をすることを心掛けています。何も知らなければ、好きになりようもありませんから。相手の人と直接話ができないのであれば、その人の一日を想像してみたっていい。たとえば広告代理店の営業さん。僕は基本的に室内で机に向かっていることが多いのですが、彼らはクライアントを訪ねたり、僕のオフィスに足を運んだり、雨の日も、炎天の日も関係ありません。しかも、どんなときでもスーツ。大変ですよね。それにクライアントと僕らとのあいだで板挟みになることもあるだろうし、会社からも業績、業績とプレッシャーをかけられているかもしれない。そんなふうに想像したら、彼らが笑っているのを目にしただけで好きになってしまいます（もしそれが美人の営業さんならなおさらです）。

相手の立場で考え、発言すること。それを高いレベルで、しかも苦もなくできるようになるには相手を好きになったほうが早い。即効性がないように見えて、これほど効果的なものはないと断言します。なにより、好きな人がふえていくってすばらしいことじゃありませんか。伝える、動かすというためではなくても、ぜひ、心にとめておいていただきたいと思います。ちなみに僕の周りには、クライアントのことをすぐに好きになってしまう、いい意味でほれっぽい人がじつにたくさんいます。

それでも僕らは伝えるために生きている

ここでご参考までに、一般的な広告制作の流れをご紹介しましょう。

まず、広告主であるクライアントからのオリエンテーションがあります。オリエンテーションとは方向づけという意味で、クライアントが僕ら制作者に広告計画の基本的な考え方、宣伝する商品やサービスの内容説明、予算、スケジュール、制作するうえでの留意点を伝える場です。僕たちはそれをもとにチームを結成し、広告計画の骨子となるコンセプトや、実現に向けて乗り越えなければならない課題などを話し合います。チームのメンバーには、言葉を担当するコピーライターのほか、デザイン・ビジュアルを担当するアートディレクターやデザイナーがいます。テレビＣＭであれば、企画を担当するＣＭプランナーが欠かせません。また、僕たちコピーライターが兼務することもあるのですが、クリエイティブの総責任者、クリエイティブディレクターというポジションの人もいます。

書いているだけでもけっこうな大所帯ですが、このほかにも広告代理店の営業さんやプロデューサーさんなどもいて、みんなで何度も打ち合わせを重ねながら企画を考えるのです。そうして完成したものをクライアントに提案し、ＯＫをもらえたら実際の制作に入ります。ＮＧならば、もういちどイチから考え直します。芸術作品ではないので、クライアントの意向を無視することはありません。やがて完成したら、テレビ、新聞、ＷＥＢなどを通じて晴れて「お披露目《ひろめ》」です（僕たちは清々《すがすが》しい気持ちとともに、飲み屋で打ち上げをします）。

このプロセスにおいて、チーム全体をまとめる役割を担うもの。それは、言葉です。主にコピーライターが、進むべき道を言語化することでそれを指し示すのです。個人の意見を代弁したり、まとめたりしながら、みんなが共通の意識をもてるように、あがった意見をひとつひとつ検証します。ただし、大局が見えなくなってはいけないので、上手に距離をとりながらひとつの言葉にまとめていきます。

制作の過程においてはそういう役割を担いつつ、最終的にはコピーライターの腕の見せ所であるキャッチコピーやボディコピーを考えます。クライアントの想いや、チームの考えを言葉で表現しきれたら、どんなにすばらしい広告ができるだろう。そんなことを考えながら、僕らコピーライターは、キャッチコピーを何十案、ときには一〇〇案以上もつくります。ボディコピーだってそう。何度も推敲《すいこう》を重ねる。それはパッとひらめく瞬間芸でもなければ、才能で片付けられるものでもありません。ただひたすら、考える。端から見れば異常なくらい、ひとつのテーマをいろいろな角度から探りつづけます。

お金をもらって言葉を考える僕らでさえ、こんな感じです。それだけ言葉づくりや伝えるという行為は難しいものなのです。でも、地道につづけていれば必ず上達するものだということも、身をもって知っています。ですからコミュニケーションに不安を感じているひとりでも多くの人に、僕らの発想や技術をお伝えできれば、と思うのです。

ここでひとつ、最近僕が荒木俊哉さんと共作したコピーを紹介させてください。ホンダの「試す人になろう」というＣＭのコピーです。

何度もやり直して、
ずっと気になって、
たまにボーっとして、
しつこく相談して、
とことん心配して、
しぜんと集まって、
いつも体で考えて、
ちょっと困って、
つい盛り上がって、

すぐ無口になって、
結局また、やり直して、
でも、きっと、
失敗するたび、未来に近づく。
だからおそれず、

試す人になろう。ＨＯＮＤＡ

これを書きながら、僕は自分を重ねていたのかもしれません。クルマをつくることも、言葉をつくることも、一緒。どちらも難しい。でも、だからこそ楽しくて、やめられない。ちなみにこのＣＭでは、技術者のみなさんにハンディカメラを渡してお互いを撮影してもらったのですが、本当にいい顔がたくさん記録されていました。本書を読んでくださっているみなさんも、きっと同じです。伝え方に迷ったり悩んだりしているときは苦しくてたまらないけど、その横顔は真剣で、とてもいい顔をしているのだと思います。

第一章
広告コピーは「売り言葉」と「買い言葉」でできている

人を動かしたコピーの名作

ところでみなさん、広告は好きですか。好きという人もいるかもしれませんが、嫌いという人や、どっちでもないという人のほうがたぶん多いと思います。

僕の場合、こんな仕事をしているわけですから、ふつうの人よりは積極的に見ているほうだと思いますが、ふだんは、うっとうしいと感じることもある。だから僕ら広告制作者は、広告は基本的に見られないもの、無視されるもの、反感すら買うかもしれないものというところから出発します。だからこそ、どうすれば人の目にとまるのか、どうすれば好きになってもらえるか、どうすれば商品を買ってもらえるかということをとことん考えるわけです。

ときには世間から、邪魔者のようにも扱われる広告ですが、僕に言わせれば過去の広告はまさしく宝の山です。人の心を動かしてきた言葉の宝庫。眺めているだけで、うっとりしたり、びっくりしたり、なるほどなぁとうなったりして、まぁようするにとても幸せな気分になります。みなさんも、昔見た広告で、いまだに記憶に残っているフレーズがいくつもあるのではないでしょうか。

それでは、まずはみなさんに、これまでコピーライターと呼ばれる人がどういった言葉をつくってきたか、代表的なもの（本当に一部にすぎませんが）をいくつかご紹介しましょう。

最初に紹介する、と考えると何がいいのかすごく悩んでしまうのですが、パッと思いついたもので言うと、一九八三年のトヨタクラウンのコピー「いつかはクラウン」でしょうか。当時、クラウンと言えば高級車の代名詞でした。

クラウンは憧れの存在だけれども、決して憧れだけで終わるものでなく、いつの日か、自分がもっとお金を稼げるようになったら絶対に乗りたい。この言葉は、人々がもつそういう想いを暗に表現し、クラウンの地位をさらに盤石《ばんじゃく》なものにしました。

つぎは、ぐっと身近な商品のコピーですが、一九七二年、サントリーのキャンペーン広告「金曜日はワインを買う日。」です。ワインの輸入自由化が決まったのが一九七〇年のこと。当時はまだまだ一般的なお酒ではありませんでした。しかし、このひと言がきっかけで、日本にワインブームが到来した。そしてブームで終わることなく、いまや僕らの生活に欠かせないもののひとつになったのです。

このコピーのポイントは、「金曜日」にあると思います。仕事帰りにワインを買って、週末は家でワインを楽しもう。生活者の動線をきちんと計算したうえで、新しい行動と習慣を世に提案したコピーです。週休二日制が少しずつ広まりはじめたころですから、新しいライフスタイルに憧れを抱いていた人々の価値観に、うまくフィットしたのだと思います。

それから最後にもうひとつ、一九八二年に仲畑貴志さんが書いたTOTOウォシュレットのコピー「おしりだって、洗ってほしい。」です。いまでこそウォシュレットは珍しいものではありませんが、当時は非常に画期的な商品でした。ふつうなら、それがいかに便利で優れものかを語りたくなってしまうものです。でもそうしないで、いままでちょっと不遇な扱いを受けていたかもしれない、おしりの気持ちをそのままズバリとメッセージにした。無口なおしりの切なる想い。それをダイベンしたことで、このコピーは喝采《かっさい》を浴びたのだと思います。

ほかにも例をあげれば本当にきりがありませんが、コピーライターが言葉によって人の心を強く動かし、行動に駆り立ててきたということが、過去の名作コピーを通してなんとなくわかっていただけたのではないでしょうか。

広告の言葉はほぼ二種類にわけられる

すべての広告は、商品やサービスを売るためにある。ちょっと身もふたもない言い方ですが、極論を言えば、広告とはそういうものだと思います。その意味では、コピーがはたさなくてはいけない役割も同じです。広告のコピーには、何げなく気まぐれに発せられた言葉などひとつもなく、すべては明確な目的をもって生み出されています。

日本の現代的な広告はメディアとともに発達し、その昔からこんにちにいたるまで、数えきれないほどのコピーがつくられてきました。職業柄、そういったコピーを読み返したり、自分が書くコピーの参考にしたりすることも多々あるのですが、あるとき、ふと、ひとつの法則に気がついたのです。

みなさんは、「売り言葉に買い言葉」という慣用句をご存知でしょうか。辞書で調べると、「相手の暴言に応じて、同じ調子で言い返す」とあります。よく口論になったときに使われる言葉ですよね。このもともとの意味とはまったくもって違うのですが、広告のコピーも、「売り言葉」と「買い言葉」というふたつのジャンルにわけられるのではないか。そう思ったのです。先に述べたように、これはあるトークイベント用に考えたものです。語《ご》呂《ろ》もよくて、覚えやすいし、もともとの言葉の意味との大きなギャップもむしろおもしろいかな、と思って発表してみたところ、思いのほか評判がよかった。

どういうことかと言うと「売り言葉」とは、売り手の目線で書かれたコピーのことで、「買い言葉」とは、買い手の目線で書かれたコピーのことだと定義してみたのです。そのうえでコピーライターの先達《せんだつ》たちが長い広告の歴史の中で積み重ねてきた膨大な量の仕事を眺めてみたところ、いままで気づかなかった発想法が見えてきた。

それで、この考え方はコピーライターだけでなく、日常生活で想いを伝え、人の心を動かす発想法として広く、多くの人のヒントになるものだと思ったのです。

売り手目線の「売り言葉」

「売り言葉」とは、さきほどもさらりと触れた通り、売り手側、つまり、企業側の目線に立った言葉のことです。売り手の主張をわかりやすく、ストレートに表現しているのが大きな特徴です。また、詳しい紹介は第二章にゆずりますが、「売り言葉」は企業名や商品名がそのままコピーの中に入っていることも多く、何の広告かひと目でわかることも特徴のひとつです。

では、さっそく見てみましょう。「売り言葉」として最初にご紹介したいのは、おそらくみなさんもご存知の、吉野家の企業スローガンです。

うまい、やすい、はやい

なんとシンプルでわかりやすい「売り言葉」でしょう。ファストフードにとって大切な三つの要素が短い言葉でリズミカルに語られています。ところでみなさん、じつはこの三つの言葉の順番にも吉野家のこだわりがあるのをご存知ですか。いまの企業スローガンが使われるようになったのは二〇〇〇年代のこと。それ以前の一九八〇~九〇年代は「うまい、はやい、やすい」の順番でした。もっと言いますと、一九七〇年代は「はやい、うまい、やすい」の順で、吉野家の一号店が築地にできたときは「うまい、はやい」と、ふたつしかありませんでした。もうおわかりかと思いますが、優先順位が高いほど前に来るようになっているのです。言うべきことから最短距離で伝えていく。誰の作かはわかりませんが、まさに「売り言葉」のお手本コピーであります。
そして、コピー界の巨人、仲畑貴志さんの「売り言葉」をご紹介します。仲畑さんは、この「売り言葉」のコピーをたくさんつくっている方でもあり、その代表格とも言えるのがこちらです。

ベンザエースを買ってください。

一九八〇年代中盤のコピーライターブームのさなかにつくられたコピーです。ひときわ異彩を放つコピーがたくさん生み出された八〇年代、各々が表現の腕を競い合う姿を尻目に、広告の原点に立ち戻りストレートに表現することによって、この広告はとても多くの人の耳目《じもく》を引きました。本来「買ってください」というのをいかに別の言葉で伝えるかを考えるのがコピーライターの腕の見せ所なのですが、それをあえてそのまま言ってしまう。あるインタビューの中で、仲畑さんはこのコピーについて、「パンツ一丁で土下座す

る やり方」だと述べていますが、表現を極限までそぎ落とした裸同然の言葉を提示してみせることでインパクトを生み出した。その代表例だと思います。

もうひとつ紹介するのは、一九七〇年に制作された丹頂という化粧品メーカーのテレビCMのコピーです。

うーん、マンダム

先にあげたふたつの「売り言葉」とは、ちょっと毛色が違うように見えますが、これもれっきとした「売り言葉」です。ハリウッドスターのチャールズ・ブロンソンが、CMの最後に、あごに手を当てながら言っていた台詞《せりふ》なのですが、このフレーズが日本中で大流行しました。おそらくこの言葉に深い意味なんてたぶんありません。このコピーのクリエイティビティを強《し》いてあげれば、「うーん」という三文字で、えも言われぬ深い満足感を表現している、といったところでしょうか。でもそうは言っても、半分以上が「マンダム」という商品名。それなのに流行語になった結果、大ヒットCMとなり、大ヒット商品になった。たったひと言でこれほど効率よく商品名を認知させたコピーもなかなかないのではないでしょうか。ちなみにですが、この丹頂株式会社は、この商品の大ヒットを受けて、のちに社名を株式会社マンダムに変更しました。

これら「売り言葉」は、シンプルに表現されているものがほとんどです。そういうことなら誰にでも書けるのではないかと思ってしまったそこのあなた。ところが、そうでもないのです。「ぽいもの」を書くことは簡単かもしれませんが、その言葉で本当に世の中の人の心をがっちりつかむことができるか、と考えてみてください。とたんに自信がゆらいでしまうのではないでしょうか。これでいいのだとスパッと割りきって、表現を極限までシンプルにすることは思いのほか難しい。何より、人一倍、勇気のいることです。心配する関係者を説き伏せて、「うーん、マンダム」でいこうと決めた制作者には、きっとチャールズ・ブロンソンばりの男気があったに違いありません。

「売り言葉」は端的なフレーズだからこそ、つくり手の個性や技量がむき出しのまま表れてしまう、とても奥の深い言葉なのです。

買い手目線の「買い言葉」

一方で、「買い言葉」とは、買い手側、つまり、消費者側の目線に立ったコピーのことです。「売り言葉」との大きな違いは、買い手の視点から発想しているところ。コピーと商品の関係が「売り言葉」のように一直線に結ばれていないので、キャッチコピーだけを取り出しても、何の商品の広告なのか、わからないものも多々あります。

ただ実際には、広告はキャッチコピーだけでできているわけではありません。ビジュアルはもちろん、ボディコピーと呼ばれる長めの文章や、商品名、それと一緒に表記されるショルダーコピーやタグラインといった言葉によって、必要な情報が補足されています。この本ではそのすべてに触れることはできませんが、それらがあることで、「買い言葉」ならではの自由な表現が可能になっている、ということだけは知っておいてください。

この「買い言葉」で数多くの名作コピーをつくり出してきたのは、なんと言っても糸井重里さんだと思います。その中からひとつご紹介します。

くうねるあそぶ。

これは、一九八八年に日産セフィーロの広告で使われたコピーです。CMでは、歌手の井上陽水さんの「みなさん、お元気ですか〜」という台詞も印象的でした。食う、寝る、遊ぶ、という人間のいちばん本質的な欲望とも言える三つを並べただけのコピー。これだけでは、誰もクルマのコピーだとは思わないでしょう。しかしひとたびこのコピーがクルマと一緒に使われると、このセフィーロというクルマがじつに魅力的に感じられてきませんか。その理由は、クルマとコピーの距離感にあります。「くうねるあそぶ。」は直接的にはクルマと関係ないけれど、クルマに乗ることでえられる楽しみと、ギリギリつなげて考えることができる。その距離の大きさが、想像力の大きさになるのです（でも遠すぎてもダメ、という話は第三章で）。当時はまだまだバブル全盛期で、いけいけどんどんと突き進んでいた時代です。仕事も遊びも大忙しで、ハイテンションな毎日をすごす人々の心に、このコピーはブスッと突き刺さったのだと思います。と、もっともらしく言ってみましたが、本当のところは正直わかりません。糸井さんのコピーには、そういう理屈を超えてしまう魔力のようなものがあります。

さきほど紹介した吉野家のコピーと比べると、「売り言葉」と「買い言葉」の違いがよくわかると思います。どちらも三つの言葉を重ねていますが、「うまい、やすい、はやい」は売り手である吉野家の主張です。「くうねるあそぶ。」は、セフィーロに乗る人、つまり買い手の気持ちに寄りそって、商品とは離れた世界で語られています。どちらがいい、わるいという話ではありませんので、いまは、そういう違いがあるのだな、と思っていてください。

それから「買い言葉」には恋を題材にしたコピーもたくさんあります。それが「買い言葉」の一大特徴でもあるのですが、ひとつご紹介しましょう。

恋を何年、休んでますか。

これは一九八九年につくられた伊勢丹のコピーです。いまから二〇年以上前につくられたコピーなのですが、それほど昔のものだと感じない方も多いのではないでしょうか。というのも、同じタイトルのドラマが二〇〇一年に放送されたからです。じつはこのドラマのプロデューサーであった八木康夫さんは、いつか必ずこのタイトルでドラマをつくりたいと思っていたそうです。そしてこのコピーを書いた、コピーライターの眞木準さんの快諾をえて制作されたという話を聞いたことがあります。

広告コピーとは、ふつうはその商品だけのオーダーメイドですから、基本的にはほかのものにも使えるということはないのですが、すばらしい「買い言葉」にはそういった汎用性があります。個人の実感を突き詰めていくと、人間の、あるいは人生の真理に行きつくことがある。だから言葉そのものが広告の枠を飛び出すこともできてしまう。これはその好例です。

ほかにも、抽象的なイメージや詩のようなコピーも、「買い言葉」となりえます。買い手の心の奥の深くまで届くという意味では、共通しているからです。

以上のような「買い言葉」が生まれてくる背景を僕なりに考えてみると、扱う商品やサービスそのものにそれほど大きなインパクトがない、あるいは、ライバルとなる商品やサービスと差別化できる要素が少ないという場合が多いのではないかと思います。セフィーロというクルマも、いまで言う電気自動車やハイブリッドカーのように、ものすごくわかりやすい新技術が使われていませんでした。もしかしたらですが、糸井さんたち広告制作者の方々も、そのことでいったん立ち止まったかもしれません。

そこで必要とされたのが「買い言葉」です。商品やサービスの内容だけではなく、広告そのもの、言葉そのもので差別化しようとする意識。それが「買い言葉」を呼び寄せたのだと言えるでしょう。

動かす言葉を意識してみる

「売り言葉」と「買い言葉」がどのようなものか、なんとなくわかっていただけたでしょうか。僕は、ぜひこの本を読んでくれた人に「売り言葉」と「買い言葉」を自分のものにして欲しいと思っています。少なくともそういう意識をもつことで、自分の話す言葉や書く言葉に、ちょっとの責任とたくさんの愛着をもって欲しいと思っています。

コピーライターの先達たちは、どうすれば人の興味を引くことができ、どのようにして意図を正しく理解してもらい、その商品を買ってもらえるのかを考え、そのためのありとあらゆる工夫をしてきました。ときにわかりやすく、ときにおもしろく、あるときはやさしく、あるときは脅すようにアプローチすることもある。そうやってさまざまな状況に合わせて言葉を使いわけながら、お客さんの欲しいと思う気持ちをぐっと押したり、そっと押したりするのです。

「売り言葉」と「買い言葉」をふだんのコミュニケーションで意識して使いわけている人はもちろんいないでしょう。でも実際には無意識のうちに、たとえば会話をするときなど、自分の意見や要望をストレートに伝えたいときには「売り言葉」を使い、自分の望みや意見を隠して相手を自然と行動にうながしたいときには「買い言葉」を使っているはず。

その使いわけがもっと意識的にできるようになれば、ビジネスや日常生活においても、あなたの言葉はいまよりずっと魅力的で、効果的な武器になるはずです。

さて、すべての準備は整ったようです。それではさっそく次章からコピーの発想を実際に見ていきましょう。

第二章 「売り言葉」を考える——振り向かせるための発想法

相手に振り向いてもらうには

第一章で「売り言葉」とは、企業側、すなわち、売り手側の目線でつくられたコピーのことだと書きました。

このタイプのコピーは一九六〇～七〇年代前半の高度経済成長期、言わば現代広告の黎《れい》明《めい》期に多いという傾向があります（僕調べ）。そして最近もまた、「売り言葉」がふえてきているのですが、そのことについては後で述べたいと思います。いま、六〇～七〇年代前半を現代広告の黎明期と呼びました。もちろんそれまでも新聞広告などはありましたが、日本でテレビ番組放送が開始されたのが一九五三年で、テレビCMがはじめて放送されたのが同年の八月のこと。それ以降、いまの広告の基礎となるような環境が少しずつ構築されていき、六〇年代に入ってようやく緒についたことから、僕はそのように呼んでいるわけです。

それではなぜ、その時期に「売り言葉」が多いのかというと、おそらくですが、新しい価値をもった商品やサービスがたくさん登場したからではないか、と考えられます。当時は「こういう新しい商品が出ました」「こういうすごいサービスをしています」という事実を消費者にストレートに訴えかけることが、まず何より大切なことだった。もちろん昔は、広告そのものが発展途上だったということもあったと思います。

見た瞬間、聞いた瞬間にメッセージが頭に入ってくるような「売り言葉」は、そのような状況の中で生まれ、鍛えられていったのでしょう。コピーライターたちは少しでも覚えてもらって、忘れさせないための言葉の開発に力を注いできました。「売り言葉」の名作を見渡すと、コピーライターがこれまでどのように発想し、どのように表現してきたのかがよくわかります。

そもそもの話となりますが、広告の情報を進んで手に入れたいという人は、いまも昔もそれほど多くないでしょう。広告が好きでたまらないという人もいるにはいますが、それはほんのひと握り。前のめりになって広告を見ているのは、同業者か、あるいは制作者のお母さんくらいでしょう。

だから、事実を伝えながら興味がない人を振り向かせることが「売り言葉」のいちばんの目的と言えます。

「売り言葉」を別の言い方で説明するならば、それはほかの商品との「違い」を伝える言葉なのだと思います。つまり、新しい機能、新しいデザイン、新しい価格、新しいサービスなど、ほかと差別化できる、商品そのものがもつ特徴をできるだけわかりやすく伝える言葉と言えます。

また、分類してみてわかったことなのですが、「売り言葉」は「買い言葉」に比べて低価格の商品の広告によく使われる傾向があります。いまの若い人はバナナの叩き売りを知らないかもしれませんが（まぁ僕も知らないのですが）、まさしくああいったイメージです。「男はつらいよ」で渥美清さん扮する寅さんが「けっこう毛だらけ猫灰だらけ」と言う、あの世界にとても近い気がします。

これらのさまざまな観点も踏まえると、この後に紹介するコピーの例なども、より楽しんでいただけるのではないかと思います。

では、ここから「売り言葉」を詳しく見ていきましょう。

名前を名乗れば他人じゃなくなる

いきなりですが、質問です。あなたは急いでいるときに、見ず知らずの人にとつぜん話しかけられたらどうしますか。聞く耳をもたずに無視したり、もし仮に話を聞いたとしても、「早く用件を済ませてくれ」と内心思ったりするのではないでしょうか。

そこで相手がすかさず名刺を出してきたらどうでしょう。ことと次第によっては、少し話を聞いてやろうと思うかもしれません。これは路上スカウトなんかの方法ではありますが、もしあなたの言い分を相手に聞いて欲しいのなら、まずあなた自身のことを相手に知ってもらう必要があります。それは企業の場合であっても、新しい商品やサービスであっても同じこと。ですからどうやって名前を覚えてもらうか。そのことをいちばんに考えてみてください。それが「人を動かすための第一歩」です。当たり前すぎて、つい軽んじてしまいがちですが、このことは決して忘れないで欲しいと思います。それでは過去の名作コピーから、秀逸な自己紹介コピーをご紹介しましょう。まずはこちら。

セブン‐イレブンいい気分

このコピーは、もともとアメリカのセブン‐イレブンが使っていたコピーを日本用にアレンジしたものです。ちなみに英語では、「Thanks Heaven, 7-Eleven.」と言っていました。本家も韻《いん》を踏んだコピーですが、これほど絶妙にアレンジされているものはなかなかありません。しかもこのコピーは韻を踏んでいるだけでなく、セブン（三文字）イレブン（四文字）いい気分（五文字）と、口にしやすく、覚えやすいようにリズムも計算されている。非の打ち所がないすばらしいコピーです。

それではつづきまして、こちらのコピーです。

ゴホン！といえば龍角散

「咳が止まらないときは龍角散」や、「風邪っぽいなぁと感じたら龍角散」では、とてもじゃないですが、「ゴホン！といえば」には太刀打ちできません。「○○といえば××」。有無を言わさぬこの方法は、自己紹介としてムダがなく、とてもわかりやすいうえに、応用もしやすい。そこでこの方法を、「といえば」法と名づけました（いま考えました）。伝えたいことはひと言で言うと何なのか、ということを考えて、そのままコピーにする。むき出しの表現ですが、それが伝わりやすさを生み出しています。

つぎを見てみましょう。僕は正直、自己紹介が得意なほうではありませんが、これがうまい人はいろんなことがうまくいく気がする。この一文を見るとなんだかそんな気持ちになります。

スカッとさわやかコカ・コーラ

なんとさわやかな自己紹介でしょう。このコピーは一九六〇年代に使われていたものですが、当時を知らない人でもこのフレーズは知っている、そんな人もたくさんいるのではないでしょうか。コカ・コーラと言えば、世界的に最も有名な商品のひとつだと思います。しかし、いまだにコピーの中に商品名を入れることが多い。たとえば、「Always Coca-Cola」（一九九三年）、「No Reason Coca-Cola」（二〇〇一年）、「the Coke Side of Life」（二〇〇七年）などがその一例です。世界的に有名なコカ・コーラでさえ、いまだにコピーに名前を入れるのですから、「名前を覚えてもらうこと」の大切さがおわかりいただけるのではないでしょうか。

最もシンプルな自己紹介のパターンは、企業や商品名と、その特徴をひとつ組み合わせるものです。これまでの広告の歴史を振り返れば、「明るいナショナル」「技術の日立」「チョコレートは明治」「プラスチックの積水化学」「味ひとすじ　永谷園」など、驚くほどたくさんあります。それはつまり、こういったコピーが非常にわかりやすく、そして何より印象に残りやすいという証拠でもあるのです。

なんだかコピーに見えない。そんな声も聞こえてきそうですが、いちばんの長所をズバリひとつのフレーズで表現することは、技術と度胸が必要な、非常に高度なコピーの技です。もしあなたが会社員だったら、自分の会社をひと言で表現してみてください。その難しさに気づくはずです。いちばんの長所が明確に表現されていてこそ、普遍的な言葉として何年、何十年と使いつづけられるコピーになるのです。

人の心を動かすためには、まず自分のことをちゃんと知ってもらうこと。名前というものは、最も基本的な要素ですが、だからこそうまく使うことで、効果的なコミュニケーションが可能になります。

短くするほどたくさん伝わる

広告表現のセオリーのひとつに「短く表現する」というものがあります。物事を細部まできちんと説明しようとすると、どうしても冗長になってしまうものです。ディテールを語ったり、例をあげたり、補足したりすることで、どうしても言葉の数がふえていく。でもそうすると、想いとは裏腹に言葉はどんどん伝わらなくなってしまう。

ふだんの生活でも、あれもこれもと一度に言われた結果、内容がひとつも頭に残らなかったという経験はありませんか。とくに広告のような、基本的に誰も積極的に見たいと思っていないものならば、言葉はできるだけ短いほうがいい。それはつまり極論を言えば、ワンワードで伝えられればそれに越したことはない、ということになります。

ですから、コピーライターはいかに短くするかということに力を注ぐ。そうすることで、企業側が何を伝えたいのかが明快になり、結果として覚えてもらいやすい表現になるわけです。

ワンワードコピーの代表選手と言えば、日清カップヌードルのこのコピーでしょう。

hungry?

たったひとつの英単語が、そのままコピーとして使われています。なんと大胆なコピーでしょうか。しかも、カップヌードルのコピーとして「hungry?」だなんて、ある意味当たり前すぎるように思われるかもしれません。もっと言うと、食べ物だったらあらゆるものに当てはまる表現でさえあります。

ただ、このコピーが使われたＣＭはビジュアルも含めてとてもユニークでした。腹をすかした大勢の原始人たちがマンモスを追いかける様子が、僕には強く印象に残っています。もしかするとこの言葉を書いたコピーライターの前田知巳さんは、がむしゃらに生きる祖先の姿に「hungry?」という問いを重ねることで、物理的な飢餓感と精神的な飢餓感を同時に表現することはもちろん、そのような現状にはないシンプルな何かが人類を突き動かしてきたのだ。そう伝えたかったのではないでしょうか。

そしてこの商品は、飲食系の商品にとって喉から手が出るほど欲しい「hungry」という言葉を、このCMで自分のものにした。ちなみにこのCMは一九九三年のカンヌ国際CMフェスティバルで、グランプリを受賞しました。

それではもうひとつ、別のコピーをご紹介します。

辛口

激戦のビール業界で、長きにわたって「売り言葉」的スタンスを貫いているアサヒ「スーパードライ」。「辛口」はもともと日本酒などで使われていた言葉。その言葉をビールの味の特徴として、一九八六年にはじめて打ち出したのがアサヒです。そのほかにも「コクがあるのに、キレがある。」や「コクキレ鮮度」など商品から一切離れることのない言葉づくりで人々を動かしつづけている。このひと言は、そんなブレないコピーの名作です（ちなみに「コクキレ」は、味を表す言葉を考える際の、いまだに僕らのお手本です）。

そしてつぎは、新しい価値観を、世の中にあっという間に広めてしまったワンワードの紹介です。

駅前留学

これは英会話学校のNOVAが、一九九三年から使いはじめたキャッチコピーです。いまでこそ、飛行機で海外に行くことが身近になり、また、インターネットを使って、簡単に世界中とコミュニケーションがとれるようになりましたが、まだまだ外国との接点がいまほど多くない時代でした。そんなときにこのコピーは、四の五の言わずに「駅前」と「留学」のふたつの単語を結びつけてしまうことで、強烈なインパクトを生み出したのです。業種はまったく異なりますが、このように距離の離れた単語同士を組み合わせて新しい価値を生み出した名作として、NTTコミュニケーションズの「世界局番」というコピーがあることも、ぜひ覚えておいてください。

つづいては、こちらをどうぞ。

ファイト一発

大正製薬の栄養ドリンク、リポビタンDの広告で一九七七年から長年使われつづけているキャッチコピーです。CMの内容はみなさんもご存知かと思いますが、ふたりの男性俳優が、断崖絶壁を登ったり、激流の中を泳いだりしながら、最も困難な場面で「ファイトー!」「イッパーツ!」と互いに声を掛け合う。そんなCMが俳優やシチュエーションを変えながら何十年もつづいています。

この徹底したアプローチが成功しているからでしょうか、リポビタンDは日本の栄養ドリンク市場において、およそ五割ものシェアを占めているのだそうです。

ところで、よくよく考えると、ファイト一発とは、どんな意味なのでしょう。もしかすると、ちょっとエッチな妄想がふくらむ御仁もいるかもしれません。このコピーがそうかはわかりませんが、じつは昔のコピーには、意図的にそんな意味を含ませた言葉もいっぱいあります(できればそんなコピーもいっぱい紹介したいのですが……)。

つぎは、僕がこれほど強いキャッチコピーはほかにないのではないかと思う、ヒサヤ大黒堂という製薬会社の「たったひと文字」のキャッチコピーを紹介します。

人に言いづらかった「ぢ」の社会的地位の向上にきっと役立ったに違いない

ぢ

「痔」という字は、現代かなづかいでは、「じ」と書くそうです。でもそれより、「ぢ」のほうがはるかに「痔」っぽく見える。この会社は慶長一六年（一六一一）の創業で、江戸時代から「ぢ」の表記を使っているそうです。その意味では、この表記自体に不思議はありませんが、このひと文字をキャッチコピー、かつコーポレートイメージに高めているところがすごいと言えるでしょう。真っ赤な「ち」を連想させる「ぢ」という文字が、銀座のど真ん中にあるビルボードを飾っているのです。本書の写真だけでなく、ぜひ実物もご覧になっていただきたい。日本広しと言えどもひと文字の力をこれほど感じるコピーはほかにありません。

余談ですが、僕のライフワークとして、街のコピーを採集する「まちのコピー」なるものをウェブサイトで展開しているのですが、じつを言いますと、それをはじめようと思ったきっかけが、このコピーだったりするのです。ほかにもいろいろおもしろい街のコピーを集めていますので、もし興味のある人がいらっしゃいましたら、ご覧いただけるとうれしいです。（http://www.okakin.jp/machicopi）

ほかにも、「ちゃんリンシャン」（ライオンのリンスインシャンプーで、「ちゃんとリンスしてくれるシャンプー」の略）のように、文章を思いきって省略してしまうという手もあります。ネーミングと同じような手法ですが、最近では東京ガスの「ガスパッチョ！」（「ガスで、パッと明るく、チョッといい未来。」の略）が有名ですね。こちらはさらに、イタリア料理のカルパッチョとか、ガスパチョというスペイン料理の語感をうまく利用しているので、もうひとつ技が入っています。

僕自身も、日ごろからコピーはできるだけ短くしようと心掛けているのですが、自分の書いた中でいちばん短いコピーを調べてみると、パルコのバーゲン用に書いた、「いざ、」という二文字のキャッチコピーでした。

ここまで限りなく短いコピーをいろいろと書いてきましたが、言葉を短くしてその中に複数の意味を盛り込んでいくというのは、実際にやるとなかなか難しいものです。説明やニュアンスを削ることに躊躇《ちゅうちょ》してしまうこともあると思います。

そして政治の世界でも、短い言葉はことあるごとに大活躍をしてきました。わかりやすい例が、小泉純一郎首相の時代に注目されたワンフレーズ・ポリティクスという手法です。「自民党をぶっ壊す」「改革なくして成長なし」など、当時数々の名言が生まれましたよね。具体的なことは語られていないにも関わらず、人々はそこにそれぞれの意味や希望を見いだした。この場合は、具体的な意味をあまり盛り込まないかわりに、メッセージを見る側、聞く側が意味を想像する余地をいかにつくるかという点がポイントです。

そしてもうひとつ大切なこととして、短く表現された言葉には流通力があります。覚えやすいので、口コミなどで人から人へと伝播《でんぱ》しやすい。これも大きなメリットだと思います。

このように、言葉を短くするということは、ただわかりやすく簡潔に伝えるというだけではなく、表現の意味や内容、その伝播する力にまで関わってくる極めて重要な作業だと言えます。

「～しよう」は「売り言葉」の基本

広告にとっての、いちばんの失敗。それは買い手に嫌われることよりも、まったく見向きもされないことです。意識さえしてもらえないということは、スタートラインにも立っていないということなので、まさに好き嫌い以前の問題でしょう。冒頭のバナナの叩き売りの話ではありませんが、寄ってきてもらって、見てもらわなければ意味がありません。

そこで力を発揮するのが、呼びかけ型、あるいは提案型のコピーです。みなさんも「～しよう」という形式のコピーは何度も見かけたことがあるはずです。具体的な例をあげて説明しましょう。一九六一年に発表された寿屋（現サントリー）の、呼びかけ型コピーの白眉《はくび》とも言えるこのコピー。

トリスを飲んでHawaiiへ行こう！

これは、商品についた応募券を送ると、抽選でハワイ旅行が当たるというキャンペーンで使用されたものです。このコピーを書いたのは当時、寿屋に勤めていた作家の山口瞳さんですが、「トリスを飲むとHawaii旅行が当たる！」ではなく、「トリスを飲んでHawaiiへ行こう！」と語尾を呼びかける表現にしています。それだけのことですが、消費者にとっては自分に向けて言われているような気がして、ぐっと印象に残りやすくなっています。つづいて、呼びかけ型のコピーとしては、日本一有名かもしれない東海旅客鉄道のコピーです。

そうだ　京都、行こう。

京都観光へ新幹線で行ってもらう目的でつくられたこの言葉（コピーライターは安西俊夫さん、佐々木宏さん、太田恵美さん）は、かれこれ二〇年以上も使われているとても息の長いコピーです。このコピーが名作になった理由は、「そうだ」の部分にあると言う人がいます。新幹線を利用すれば、いつでも気軽に京都に行ける。この事実を、新幹線の利便性を語らず、思い立ったらというニュアンスを伝える「そうだ」の三文字に込めたわけです。「そうだ」というきっかけをうながす言葉と、「行こう」という呼びかけ表現。この絶妙なブレンドは、もしかしたらこの先ずっと色あせることがないのかもしれません。

そしてつぎは、「そうだ　京都、行こう。」のちょっと前に、同じく東海旅客鉄道で使われていた生出マサミさんと角田誠さんによるコピーです。

日本を休もう

このコピーがつくられたのは一九九〇年、バブル崩壊前夜のころです。日本中が忙しかったこの時代、当時の人たちにとって心にすっとしみ込むような、そんなやさしい呼びかけ型のコピーでした。いっそのこと、国そのものを休もうじゃないか。そういう大きな提案をしてくれる東海旅客鉄道のことを、僕はあのころ本当にちょっと好きになりました。

呼びかけ型のコピーは、新しいライフスタイルを提案するときにもよく使われます。その中からひとつご紹介します。

朝マックしよう。

朝ご飯を食べる人が減っている。ある統計によると、とくに朝ご飯を抜くのは若い世代の人で、二〇代～三〇代の三人に一人は朝食を食べないのだそうです。そういう人にとって、「朝マックしよう」という呼びかけが、朝からヘビーなものは食べられないけど、朝マックくらいならいいかも、と思わせてくれた。時間がなくても気軽に食べられる、若い人にとって身近なマクドナルドだからこそ、より効果的にこの呼びかけが響いたのではないかと思います。

つぎに年末年始の定番広告として、五〇年近く呼びかけつづけているコピーがこちらです。はじめて世に出たのが一九六六年のことですから、僕より年上ですね。

お正月を写そう。

樹木希林さんが長く出演している、富士フイルムのこの広告はみなさんもよく知っているのではないかと思います。お正月は、おめでたい日ということもありますが、一年の中でいちばん家族や親戚が集まる日でもある。そんな日だからこそ、写真に撮っていつまでも残しておきませんか、という提案を端的にコピーにしています。

半世紀近くワンメッセージで広告をしているわけですが、ずっと同じ商品を広告しているわけではありません。「写真」であることは変わりませんが、フイルムカメラからはじまり、インスタントカメラ、レンズつきフィルム、そしてデジカメへ。時代とともにツールは変わっても、人間がその日に思い出を残したいと思う本質的な感情は変わらない。このコピーが半世紀にもわたって生きつづけているのは、その証拠かもしれません。

最後にもうひとつ、僭越《せんえつ》ながら僕が書いたものを紹介いたしますと、二〇一二年にNTTドコモの企業広告、「話しかけよう。」という呼びかけコピーをつくりました。

この「話しかけよう。」も、はじめにあげた「トリスを飲んでHawaiiへ行こう!」も、「そうだ 京都、行こう。」も、「〜しよう」という呼びかけ方をしています。この「〜しよう」というのは、「売り言葉」の一大ジャンルと言ってもいいほどで、現代広告の黎明期からいまにいたるまで、メディアや内容を問わず、じつに頻繁《ひんぱん》に使われている表現方法です。

ちょっと話は変わりますが、学生のころ、クラスの中にひとりぐらいは「〜しよう」と積極的に声を掛け、人を集めるのがうまい人はいませんでしたか。たとえば学級委員になるような、そんな感じの人です（僕はそういうタイプの人ではありませんでしたが……）。この「〜しよう」は、そんな明るくて前向きな人格を感じさせます。広告の本質には、そういったリーダータイプの性質がひそんでいるのかもしれません。

ちなみに、この「〜しよう」という呼びかけコピーの親戚に、「〜してください」というお願い型コピーがあります。たとえば、ファーストキッチンの「ベーコンエッグバーガーください」や、トヨタの「GOAください」などがそれにあたります。ほかには「セコムしてますか?」や「あなたのヌードは、ちゃんとエッチですか。」（マチス化粧品）といった変化球も……。

呼びかけ方とひと口にいっても、じつにいろいろあります。ぜひ、あなたも自分の文章の「お尻の部分」をさまざまに工夫してみてください。語尾を変えるだけで、思った以上に大胆に顔つきや人格が取り替えられます。

ニュースがあるなら表現するな

気の利いたことや、難しいことを言うだけが表現ではありません。むしろ、そこにこだわりすぎると、わかりづらい言い回しになったり、理屈っぽくなったりします。表現を工夫すべきかどうかは、時と場合によるのです。

もし、商品そのものにニュースになるだけの価値があるならば、それをごろっとむき出しのまま出して欲しい。なぜなら、それが何よりの魅力になるからです。

具体的にどういうことか、僕個人の思い入れがとても強い、このコピーを例に説明させてください。

右へ回すとシャープペンシル。左へ回すとボールペン。一本で二本分。

これは、ゼブラの「シャーボ」という商品でかつて使われていたコピーです。シャーボは、シャープペンシルとボールペンが一体になった商品。一見、機能を説明しただけのコピーに、当時小学生だった僕は大きな衝撃を受け、この商品を猛烈に欲しいと思ったことを鮮明に覚えています。もし僕が、広告コピーの原体験を聞かれたならば、間違いなくこのコピーをあげるでしょう。

事実をそのままコピーにする方法は、ニュース性が大きいほど、強いインパクトを生み出します。二〇世紀には、時代を変えるほどのニュース性をもった商品がたくさん生まれました。飛行機、ロケット、コンピュータ、テレビ、ラジオなどなど、それこそあげればきりがありません。中には日本生まれの発明品だってたくさんあります。チキンラーメンは、世界初のインスタントラーメンとして一九五八年に誕生しました。そしてそのときのキャッチコピーがこれです。

お湯をかけて2分でできるラーメン

このチキンラーメンのコピーも、食べ方をそのまま説明しているだけですが、それこそが何より新しく、人々に衝撃を与えたのです。

その後、一九七一年、カップに入った即席麵として、カップヌードルが世界中に広まりました。日本ではこのようなキャッチコピーで宣伝していました。

お湯さえあれば、いつでも、どこでも

カップつきであるからこそ、いつでもどこでも食べられる。ここには、ニュース性のほかに、新しい時代のライフスタイルを提案しようという強い意志も含まれています。

現代において、画期的な商品を生み出しつづけている企業のひとつに、アップルがあります。アップルと言えば、先進的でスタイリッシュな企業というイメージがありますが、その広告は、じつにニュース性をむき出しにした、飾らない表現をしています。まずは世界中を席巻したiPodのキャッチコピーの歴史を見てみましょう。

1,000 songs in your pocket.（二〇〇一年）
7,500 songs in your pocket.（二〇〇三年）

10,000 songs in your pocket.（二〇〇四年）
15,000 songs. 25,000 photos. 80 hours of video.（二〇〇五年）

ニュースはそのまま伝えたほうがいいとはいえ、いくらなんでもそのままますぎやしないか、そんな気持ちがしないわけでもないですが、これでいいのです。
では、Mac ユーザーを爆発的にふやした、MacBook Air のキャッチコピーはどうでしょうか。

MacBook Air. The world's thinnest notebook.（二〇〇八年）
Thin as always. Faster than ever.（二〇〇九年）
The new, faster MacBook Air.（二〇一一年）

iPod のキャッチコピーほどシンプルではありませんが、「薄くて性能がいい MacBook Air」ということしか基本的に語られていません。

その意味では、一九九七年に発表された、アップルのいちばん有名な企業スローガン「Think different」は、かなり異質の存在だったと言えるのかもしれません。

商品コピーに関しては、ニュース性を強く打ち出したものが圧倒的に多いアップル。自分たちのプロダクトはデザインがかっこいいだけではないのだという、ものづくりに対するこだわりや自信が、その素っ気ない物言いの中に感じられます。

そして、ニュースを提示しながら、それを最上質に表現したのがこのコピーです。

時速一〇〇キロで走行中の新型ロールスロイスの車内で、
一番の騒音は電子時計の音だ。

これはアメリカ広告界の巨星、デイビッド・オグルビーが手掛けた、ロールスロイスのキャンペーンで使われたコピーです。

ロールスロイスという世界でいちばんの高級車を語るときにも、決して美辞麗句に走ったり、イメージだけを表現したりしていないのがポイントです。オグルビーはこの訴求点を見つけるために、三週間も資料を読み込んだそうです。そうやって物性に正面から対峙《たいじ》したからこそ、クライアントさえも気づかなかった「ニュース」にたどり着き、伝説的な成功を収めるキャンペーンになったのだと思います。「発見は調査から」という言葉がありますが、それをゆるぎない意志で体現した人でもあります。

一方、革新的な商品だけがニュースになるわけではありません。たとえば、こちらのコピーをご覧ください。

最高金賞のうまさです。

サントリー「プレミアムモルツ」のコピーで、小西利行さんの作です。プレミアムモルツは、二〇〇五年にモンドセレクション最高金賞を受賞してから、同賞を三年連続で受賞しています。そのことをそのまま宣伝に活用し、大きな成果をあげました（思えばここ数年で、モンドセレクションという名前を急激に見聞きするようになりましたね）。

このように、権威のある団体からお墨つきをもらった場合も、そのニュース性を大いに利用したほうがいい。たとえば、つぎのようなものにも同じ効果が期待できるでしょう。

アカデミー賞受賞
省エネ大賞受賞
本屋大賞受賞
100万部突破
売り上げナンバーワン
東大生が選んだ

これらの言葉は、一見するとコピーには見えにくいかもしれませんが、本の帯などでは、宣伝文句として多く使われています。人に行動をうながすという観点から考えれば、かなり優秀なコピーなのです。じつはあらゆる賞は、説得力のあるニュースをつくるためにある、そう言っても過言ではないのかもしれません。

ニュースには工夫された表現に勝るほど人の心を動かす力がある。この事実を忘れずにいてください。

数字にすると説得力が一桁違う

数字には説得力がある。言葉と日々向き合っている者として、そのことは非常に強く感じます。

たとえば「駅からすぐ」というときの、「すぐ」という感覚は人によってバラバラです。駅に隣接するほどの距離を考える人もいれば、徒歩五分ぐらいを想像する人もいるでしょう。車によく乗る人なら、一～二キロも「すぐ」の範囲内かもしれません。そういう場合は言うまでもありませんが、数字で表したほうがより正確に距離感を伝えることができます。でも正確に伝えることだけが、数字のいいところではありません。

たとえば「駅から徒歩0分」と言うとどうでしょう。見ただけで、もしかしたら駅と同じ建物にあるのではないかというイメージが湧くし、何より数字以上の圧倒的な近さを感じませんか。

コピーには、数字の力を借りた名作がたくさんありますが、最初に紹介するのは、大阪の道頓堀にある巨大な看板でおなじみの、あの広告です。

ひとつぶ300メートル

これは江崎グリコのおまけつきキャラメルのコピーです。とても有名なフレーズですが、正確な意味がちょっとわからなかったので調べてみました。グリコのホームページにはこうあります。

「グリコ（キャラメル）には、実際に一粒で三〇〇メートル走ることのできるエネルギーが含まれています。グリコ一粒は一六キロカロリーです。身長一六五センチ、体重五五キロの人が分速一六〇メートルで走ると、一分間に使うエネルギーは八・二キロカロリーになります。つまりグリコ一粒で一・九五分、約三〇〇メートル走れることになります」

この理屈は後づけだという説もあるようですが、いまどきなら、いかにカロリーが低いかを売りにすると思います。この商品が発売されたのは一九二二年のこと。日本はまだまだ貧しく、食べ物もいまよりはるかに不足していたに違いありません。そういった時代ですから、カロリーの高さを数字で訴求することが効果的だったのです。
つづいてはこちらも古いものですが、みなさんも知っているコピーのひとつではないでしょうか。

クシャミ3回ルル3錠

第一三共ヘルスケアの風邪薬、「ルル」のコピーです。この言葉がつくられたのは一九五七年のことです。クシャミ三回はあくまでたとえですが、その距離感がじつに絶妙です。一回や二回のクシャミなら、ちょっと鼻がむずむずしただけかもしれない。でも三回も連続でクシャミをしたら、周りの人はちょっと心配になる。

また、日本人は「3」に弱いという説があります。世界三大〇〇や、御三家、のような人やモノのくくりから、石の上にも三年、三度目の正直、仏の顔も三度まで、など、「3」を使ったことわざもたくさんあります。この法則を意識してつくったかどうかはわかりませんが、数字を使った覚えやすいコピーの代表選手であることは間違いありません。

さて、つぎは僕の師匠である岩崎俊一さんが書いた、こちらをご紹介します。

美しい50歳がふえると、日本は変わると思う。

一九九七年、資生堂アクテアハートのコピーです。いまでこそ、五〇歳の女性と言えば、まだまだ元気で若々しい印象がありますが（最近は「私たちは、40代女子です。」という女性誌のコピーもありました）、この当時、世間のイメージは少し違いました。ですから資生堂は、この世代の女性を勇気づけ、応援するメッセージをこのコピーに託したのでしょう。

これがもし、「ミドルエイジ」などとぼんやりした表現を使うとどうなるでしょう。「美しいミドルエイジの女性がふえると、日本は変わると思う」。こう言われて、「ああ、私のことだなぁ」と思ってくれる人がいるでしょうか。むしろ他人事のように感じてしまうはずです。「50」とはっきり言うことで、五〇歳の女性はもちろん、そうでない女性にも、このコピーは受け入れられたのです。

こんどは岩崎さんと僕の共作コピーで、数字を使ったものを紹介します。

英語を話せると、10億人と話せる。

一九九八年、英会話のジオスのコピーです。一〇億とは、英語圏の人口をすべて足した大体の数字。日本の総人口の、じつに約八倍もの数です。その規模を実感してもらうために、「英語を話せると、英語圏のすべての人と話せる」ではなく、「10億人と話せる」と表現しました。日本で生活するうえで、べつに英語が使えなくても不自由することは少ないでしょう。ただ、もし英語が使えたとしたら、そこには何倍もの未知の世界が広がっている、そのようなワクワク感をできるだけ即物的に伝えたかったのです。

もうひとつ、このコピーは、みなさんもよく知っているのではないでしょうか。イナバ物置の、あのフレーズです。

やっぱりイナバ、１００人乗っても大丈夫！

「とっても頑丈、どんな重さも大丈夫！」と言われても、その強度がいまいちピンとこない。しかし、「100人」と言われれば、単純に人ひとりが六〇キログラムとしても六トンまで耐えられるとわかる。でも普通はそこまで考えないでしょう。ただ、「100」という数字の大きさによって、ちょっとやそっとじゃ壊れないぞ、ということが容易にイメージできます。

ちなみに、このCMで物置の上に乗っている人は、イナバ物置の社長と営業成績のよかった販売代理店のオーナーさんたちなのだとか。そのため、CMの内容はあまり変わらなかったとしても、毎年人を入れ替えて撮り直すのだそうです（いまの言葉で言うと、広告をインナーブランディングの活性化にも役立てている、といったところでしょうか）。

ほかにもまだまだ数字を使った名作コピーはあるのですが、僕がうまいなぁと思ったのはたとえばこのコピー。

総人口の50・8％は女性です。国会議員の3・4％は女性です。

一九八一年に桜井雅司さんが書かれた総理府（現内閣府）のものです。最近では国会議員のおよそ一一パーセントが女性になっているようですが、それでも世界的に見れば、日本の女性国会議員の数はまだまだ少ない。このように数字を使って、世の中の問題をズバッと言い当てたコピーは、見る人を強烈にハッとさせる力がある。

それから最後に僕が商品開発から関わったキリン「FREE」で使われているコピーをひとつ。

世界初ALC.0.00%

これ、コピーのようには見えないかもしれませんが、じつは、けっこう工夫しているコピーなのです（ちなみにALC.とはアルコール分の略）。アルコール分〇パーセントのノンアルコールをどのように数字化したらいちばん強く見えるか、クライアントを含めたチーム全員で議論して、「0%」でも、「0.0%」でもない、「0.00%」にたどり着きました。

少し理屈っぽすぎるんじゃないかという意見もありましたが、そこまできちんと商品の

首都高から見える位置に掲げられたキリン「FREE」の看板

特性を語ったことが、結果的に世の中の人々に広く受け入れられたのではないかと思っています。

そしていまでは、この「ALC.0.00%」はキリン「FREE」だけでなく、あらゆるノンアルコールビールが使う、この市場を定義づける数字となりました。

また、キリン「FREE」は、もともと開発担当者の「飲酒運転をなくしたい」という強い想いから生まれた商品です。その想いに応える形で、「飲酒運転を、0.00%に。」というコピーが生まれたことを、ここにつけ加えておきます。

「人は数字には弱い」とよく言われます。

数字は単純に事実を提示するだけでも大きな効果がえられる非常に強力な武器です。しかしそれだけでなく、コピーライターが数字を使うときは、買い手のイメージがふくらむような工夫も加えている。それが大きな違いなのではないでしょうか。

また、少し余談になりますが、よくスーパーや家電量販店で一〇〇〇円とすればいい商品を、九九九円とか、九九八円で販売していることがありますよね。あれも支払う金額的にはほとんど変わらないのですが、三桁と四桁ではずいぶん違う印象を受けてしまう。これも表記における大発明だと思います。

日本人も比較するのは嫌いじゃない

人生とは比べることの連続なのではないか、と思うことがあります。たとえば「価格.com」や「ぐるなび」のように、価格や人気などを比較したサイトがとても人気なのも、その証拠のひとつかもしれません。ビジネスにおいても、マーケティングを行い、あらゆる面から比較検討するのは常識です。もっと言えば、たとえば恋人を選ぶときだって、僕たちは少なからず比較をしているはずです。

日本人はもともと、比較することをあまり好ましく思わないという見方もありますが、本当は比較することが嫌いではないのではないか。表立って言わないだけで、本心では、べつに比べたっていい。そう思っているのではないでしょうか。

そんな推測とともに、この節では比較広告をご紹介したいと思います。まずは日本の比較広告の先駆けとも言えるこちらのコピーから。

隣のクルマが小さく見えます

一九七〇年、金子徹さんが書いた日産自動車のコピーです。モデルチェンジをして、車体が大きくなり、排気量も一〇〇〇ccから一二〇〇ccへ増えたサニー。「隣のクルマ」について名指しはしていませんが、同クラスのライバルだったトヨタカローラのことだと、当時の人にはすぐにわかったそうです。つづいては、一九九二年に仲畑さんが書いたこちらのコピーです。

カロリー不足で、お悩みの方々へ。
ダイエットペプシよりコカ・コーラライトをおすすめします。

これは、ダイエットペプシの広告です。パッと見ると、コカ・コーラライトをおすすめします、と言っているので、戸惑うかもしれません。しかし最初の一文をよく読むと、わざと、かなりのひねりを加えて、ユーモアのある比較をしていることがわかります。比較広告と言えば、海外にもおもしろいものがたくさんあります。たとえばこちらです。

WHERE'S THE BEEF?

一九八四年、アメリカのハンバーガーチェーン、ウェンディーズで展開された比較広告のコピーです。他社のハンバーガーを買った女性が、パンの間にある小さな肉を見て「牛肉はどこ?」と思わず尋ねてしまう。そういうCMでした。肉が小さいと他社をからかって、ウェンディーズの肉の大きさをユニークにアピールしているのです。ちなみに、このコピーが元で、「beef」という名詞が「文句を言う」という意味の動詞としても使われるようになったそうです。

さらに比較広告が進んでいる海外では、比べられた側が反撃するというケースも珍しくはありません。少し長いのですが、その一例をご紹介します。まずはBMWがアウディに向けてメッセージを出しました。

Congratulations to Audi for winning South African Car of the Year 2006. From the Winner of World Car of the Year 2006.（アウディ様、二〇〇六年南アフリカ・カーオブザイヤー受賞おめでとうございます。二〇〇六年世界カーオブザイヤー受賞者より）

そして、これに対してアウディがつぎのように応戦しました。

Congratulations to BMW for winning World Car of the Year 2006. From the Winner of Six Consecutive Le Mans 24 Hour Races 2000-2006.（BMW様、二〇〇六年

世界カーオブザイヤー受賞おめでとうございます。ル・マン二四時間レース六回優勝者より）

比較広告と言うと、他社を貶《おとし》めていかに相手より優れているか訴える。そういう広告をイメージするかもしれません。たしかに、そういう広告は多いですが、ＢＭＷとアウディのようにスマートでユーモアのある比較広告もある。そのほかにも、たとえば、有名な比較広告のひとつに「No.2キャンペーン」というものがあります。一九六三年につくられたこちらのコピーをご覧ください。

Avis is only No.2 in rent a cars. So why go with us?

世の中には、いちばんのポジションにいては言えないことがあるし、いちばん以外の立場の人が言ったほうが説得力をもつことがあります。エイビスはレンタカー会社として、自分たちはナンバーツーだからこそ、ナンバーワンになるために、一生けんめいがんばります。そういったメッセージを発信しました。これは二番手だからこそ世の中の人に効果的に伝わるキャッチコピーでした。日本にもあります。それはこんなコピーでした。

No.2だから、ヤンチャできる。

二〇〇一年、ＫＤＤＩのコピーです。これは、業界一位の企業に向けた挑戦的なメッセージとして書かれています。しかしながら、自らがチャレンジャーの立場であることを認めたうえで書かれているため、そこには劣勢感がありません。

権威に対する挑戦者という姿勢を打ち出すことで、勢いをアピールすると同時に「新しいことをしてくれそう」という期待感を喚起しているわけですね。

このように「比べる」といってもじつにさまざまな比較の仕方があるわけです。価格で勝負できなかったら、ほかに勝てるところを探して、その点を「売り言葉」にすればいい。性能で勝てなかったら、サービスで勝っているところはないかを考える。ありとあらゆる視点から比べ、勝てるところで勝負すれば、必ず勝てるのです。もちろんそのためには、自分たちの弱点をしっかり把握しておくことも大切です。

くり返すほど言葉は呪文になっていく

人は、忘れやすい生き物です。とくに広告の場合、意識して見る人なんてほぼいませんから、記憶にとめてもらうのはなおさら難しい。

じゃあ、どうすればいいか。シンプルで、それでいて絶大な効果を発揮する方法があります。何度もくり返すのです。

何を当たり前のことを言っているのかと思われるかもしれませんが、これが広告においては大きな力を発揮するのです。そもそもテレビＣＭなどは、くり返し流すことでメッセージを頭の中にすり込んでいく表現手法です。また、企業名や商品名をひとつの広告の中で連呼するという方法もよく使われてきました。こういった「売り言葉」は思いのほか効く。広告を見る側、聞く側として考えても、やっぱりこれは単純かつ強力な技だと思います。

言葉をくり返す広告としてまず取りあげたいのが、静岡県伊東市にあるハトヤホテルのＣＭです。時代によっていくつかパターンはあるのですが、初代のもの（一九六一年）を紹介しましょう。

伊東にゆくならハトヤ　でんわはヨイフロ　伊東でいちばんハトヤ　でんわはヨイフロ
4126　4126　はっきりきめた　ハトヤにきめた 伊東にゆくならハトヤ　ハトヤに
きめた

なんとCMの中に五回も「ハトヤ」が登場します。単純計算すると、一度しか名前を言わない広告よりも、五倍ほど名前を覚えてもらいやすくなる。だからでしょうか、僕がこの広告をはじめて見たのはもう三〇年以上前のことなのに、いまだにしっかりと記憶に残っています。ちなみに、このコピーは作家の野坂昭如さんが書いたものです。

別の例では、サントリー「モルツ」のCMです。「モルツ、モルツ、モルツ……」と、モルツという商品名を徹底的にくり返しました。ハトヤのCMも十分多いと思いましたが、こちらはなんと三〇秒のあいだに二五回も商品名が登場します。これだけくり返されると、「一度CMを見ただけで商品名を覚えてしまった」という人もおそらくたくさんいたことでしょう。

さらに、ＣＭを見たことがある人ならお気づきかと思いますが、このふたつの例は両方ともコピーをリズムとメロディにのせて発信しています。この合わせ技で、いっそう記憶に残る効果を狙っているのです。

いわゆるＣＭソングは、一九六〇～七〇年代に盛りあがったものの、時代が進むにつれてあまり見られなくなっていきました。そんなホコリのかぶっていた表現を、九〇年代に復活させたのが、当時電通にいた佐藤雅彦さんです。さきほど例にもあげたモルツのほかにも「だんご3兄弟」や「ピタゴラスイッチ」でもお馴染みの人です。ほかにも「バザールでござーる」（一九九二年／日本電気）や湖池屋の「スコーン」「ポリンキー」「ドンタコス」なども手掛けられています。これらのＣＭをいまでも覚えている人は、かなり多いのではないでしょうか。

商品名を連呼する広告は、一見、単調で幼い印象をもつかもしれません。しかし、気づけばみんな頭にすり込まれている。人の記憶に残るという意味では、これらの広告は十二分に目的をはたしていたわけで、そのような広告を数多くつくりあげた佐藤さんは「くり返す」ということを最も意識的に行った広告人だと言えるでしょう。

しかし、僕が何よりくり返し手法の効果を感じたのは、民衆の心をゆさぶったある人の演説です。みなさんも、授業で習ったのではないでしょうか。アフリカ系アメリカ人公民権運動の指導者、マーティン・ルーサー・キング牧師の「I have a dream.（私には夢がある）」（一九六三年）。キング牧師はスピーチの中で「I have a dream.」を八度もくり返し、アフリカ系アメリカ人の解放を情熱的に訴えました。彼のほかにも多くの人が、スピーチでくり返しの手法を用いて人の心を動かしています。

先にも伝えましたが、人は忘れやすい生き物です。そして、興味をもったことにしか耳を傾けない。その前提に立ち、最も伝えたいことを端的にくり返す。これほど効果的なアプローチがあるでしょうか。言葉はくり返すと、その単調さゆえにちょっとした呪文になる。人前で何かを話すときやふだんの会話の中などで、ぜひ実践したい手法です。

ダジャレは言葉の爆発だ

ダジャレが好きだ。そう堂々と言える人は、なかなかいないかもしれません。

しかしながら、コミュニケーションをする、または文章を書くことにおいてダジャレを使いこなすことは、強力な武器を手にするにも等しい。といってもなかなか信じられないかもしれませんね。では、論より証拠。そんなあなたをめくるめくダジャレの世界にご案内しましょう。まずは、こちらの藤島克彦さんのコピーです。

トンデレラ　シンデレラ

このコピーが使われたのは、一九七七年、大日本除虫菊のキンチョールのＣＭ（ＣＭディレクターは川崎徹さん）です。ふたりの研ナオコさんが登場し、「ト（飛）ンデレラ」「シ（死）ンデレラ」と交互に掛け合いをしながら、ハエにキンチョールをスプレーする、といった内容でした。そのリズムが軽妙で、大きな話題になったのでした。

親瓶・子瓶

一九七六年、サントリーの「オレンジ50」というジュースのコピー（書いたのは佐々木克彦さん）です。ようするに、小さめのサイズができました、ということなのですが、それを親分・子分と掛けている。個人的にはこのコピーの音の響きがかわいくて、とても好きです。つい、声に出して読みたくなるコピーですね。

つづいてはこちらです。

こんちく症。どうしま症。花粉症。

協和発酵工業のコピーです。二〇〇二年に阿部祐樹さんが書きました。花粉症の人の、どうにもならないもどかしさや、いらだちも、ダジャレならちょっとユーモラスに感じさせることができるのです。

つぎはちょっと異色のコピーです。

愛に雪、恋を白。

一九九八年、一倉宏さんによる東日本旅客鉄道の冬のキャンペーン「JR SKI SKI」で使われたキャッチコピーです。ＣＭの出演者は吉川ひなのさん、ＣＭソングはＧＬＡＹ、そして語られるモチーフは冬の恋。言うまでもありませんが、「会いに行き、恋をしろ」に掛けている。それがおよそダジャレとはかけ離れた文脈で使われたにもかかわらず、当時の人にかなり好意的に受けとられていたのを覚えています。

ダジャレ＋下ネタという、これ以上ない危険な道を選び、成功させたのがこのコピー。

チン謝。

これは一九九九年、相模ゴム工業の広告で、コピーライターは照井晶博《あきひろ》さんです。

このコピーを語るには、そのいきさつから説明したほうがいいでしょう。ことのはじまりは一九九八年、この会社から発売されたコンドームの一部に微細な穴が見つかって、商品の回収騒ぎが起きたのです。

その後、商品の再発売が決まったとき、この会社は消費者に入念なチェックを約束しました。しかし、その入念すぎるチェックの結果、生産数が限られてしまい、こんどは店頭で品薄状態になってしまった。そこでこのような、ユーモアたっぷりの謝罪広告を打った

相模ゴム工業
照井晶博
1999年

というわけです。

さて、ここまでいくつかのダジャレコピーを紹介してきました。しかし、ダジャレコピーを語るうえで、避けては通れないひとりの人物がいます。それは、眞木準さんというコピーライターです。眞木さんは、一九七〇年代初頭に広告の世界に入り、仲畑貴志さんや糸井重里さんとともに第一線で活躍し、数多くの名作コピーを世に残してきました。

全日空、伊勢丹、サントリーなど、担当されたクライアントもじつに華々しい。残念ながら二〇〇九年に六〇歳で急逝《きゅうせい》されましたが、いまなお打ち合わせなどでも名前があがる、記録より記憶に残るコピー界のホームランバッターです。

そんな眞木さんのセンスがまざまざと伝わってくるコピーをいくつかご紹介しましょう。

でっかいどぉ。北海道。（一九七七年／全日本空輸）

ボーヤハント（一九八六年／日本ビクター）

恋愛仕様。（一九九六年／ホンダ）

怖いもの着たさ。（一九八六年／伊勢丹）

バリバリのバーバリー。（一九九八年／三陽商会）

ツギ、コレ。（一九九七年／丸井今井）

ここにあげたのはほんの一部にすぎません。みなさんが覚えている有名なダジャレコピーは、ほとんどの場合、眞木さんのコピーである可能性が高い。そのくらいたくさんあります。これだけを見ても、よくぞここまで考えつくものだと感服してしまいます。

そもそもダジャレには、くだらないと思いながらもついつい覚えてしまう不思議な魅力があります。そして、気づけば自分も口にしてしまっている。どこか中毒性のある言葉です。

とはいえ、うまく使えば効果的だけれども、使い方を間違えれば目も当てられない状況になる（僕も失敗したことがあります）。ダジャレとは言わば、ダイナマイトや劇薬のような取り扱い危険物。しかし、その振り幅の大きさにこそ、ダジャレの醍醐《だいご》味《み》があるのかもしれません。

眞木さんのコピーが愛されたのは洗練された軽妙な言葉遊び、そして都会的なセンスでつくりだされた言葉だったからだと思います。

ちなみに眞木さん本人は、「僕のはダジャレじゃなくて、オシャレだから」とおっしゃっていました（それもダジャレじゃないか、と思わずツッコんでしまったあなたは、すでに眞木準ワールドの住人です）。ダジャレの世界はとてつもなく広大です。思いつくままに口にするのではなく、そこはかとない知性や品格、心のあたたかさ、そういったものがきちんと含まれているかどうか、一度確かめてから使いたいものです。

さて、「売り言葉」の分類はここまでになります。この章ではたくさんの「売り言葉」を見てきましたが、みなさんどうでしたか。なんとなく「売り言葉」というものがどういうものか、ご理解いただけたでしょうか。「売り言葉」の発想は、ビジネスやふだんの生活に活かせるものも多いのではないかと思います。機会がありましたら、ぜひ使ってみてください。それでは第三章は、「買い言葉」の研究とまいりましょう。

第三章　「買い言葉」を考える——共感を呼ぶための発想法

共感は最大の武器である

第一章でも述べたことですが、「買い言葉」とは、買い手側、つまりユーザーの目線から発想されたコピーのことです。

売り手の主張をストレートに表現した「売り言葉」。それはつまり「違い」を伝える言葉である、と第二章で書きました。それに対して買い手目線で書かれた「買い言葉」とはどういうものかというと、「同じであること」を伝える言葉である、と僕は思います。

「同じであること」を伝えるとは、もう少し具体的に言うと、それは「ウチの企業はあなたの気持ちをわかっていますよ」とか、「この商品はあなたの味方ですよ」といった具合に、売り手と買い手がいかに近しい関係であるかを伝えることです。極論すれば、「あなた＝商品」であるとわかってもらうこと。この「あなた」と「商品」を等記号で結ぶ言葉が、「共感を呼ぶ言葉」である、と考えていただいていいと思います。

「買い言葉」に人生や恋など、人間の真理をついたコピーが多いのも、「同じであること」を考えた結果として生まれたのだと思います。だからこそ普遍的で、人類共通の共感コピーになるのです。

こうした「買い言葉」は、高価な商品や、プレミアムな商品、サービス系の広告に多い傾向があります。また、ファッションや企業広告など、イメージ戦略が必要な広告にも多く見られます。

それは、なぜでしょう。理由を考察するために、「買い言葉」が生まれた時代背景をひも解いてみたいと思います。

「買い言葉」は、広告表現が円熟期を迎えた一九八〇年代にたくさん生み出されました。日本が経済的に豊かになり、ものであふれかえっていた時代です。メーカーの技術革新も一段落し、独自性が生まれづらい状態にありました。そう、「売り言葉」で紹介した「ニュース性」に乏しい時代だったのです。

売り手は、どうすれば競合する商品やサービスと差別化できるか、どのようにコミュニケーションすれば自分たちの存在をアピールできるか、ということが至上命題でした。そしておそらく、コピーライターの先人たちが新境地を求めて、売り手から、買い手の目線へと立ち位置を変えた結果、コピーは「買い言葉」の性質を強めていったように思うのです。

つまり、「買い言葉」がさきほどあげた商品や業界で多く起用されたのは「売りづらい商品をいかに売るか」という背景の中で生まれた発想だからです。また、即物的な価値だけを訴えることが難しい時代を反映して、企業広告にも「買い言葉」のコピーが多くなっています。

もちろんそれ以前にも買い手目線でつくられたコピーはたくさんあります。しかし広告の歴史を概観すると、そういったコピーは八〇年代に突出して多くなっていると思います。「買い言葉」。それはまさに、コピーライターが時代と真摯《しんし》に向き合うことで生まれた発想と言えるでしょう。理屈を超えて人を振り向かせる奔放さ。思わず足をとめてしまう創造性。そして何より、「俺のこと言ってる!」と思わせる極めて共感性の高いメッセージ。そんな、年齢や性別を越えて多くの人を引きつける普遍性をもった言葉が、「買い言葉」なのです。それでは次節より、その芳醇な世界を研究していきましょう。

共感は自分の内側にある

買い手の視点に立って言葉を選んだつもりでも、そこに共感が生まれなければ人の心を動かすことはできません。コピーライターは、いかに共感を生むかを追求しながら、自らの感覚に問いかけながら言葉をつむいでいくのです。では、どのように共感を誘うか。そのお手本とも言うべき、コピーを見てみましょう。

キスというものを、ここしばらく、してない。（一九九六年）
私は、男の人を、ふったことがないのです。（一九九六年）

どちらも尼崎市総合文化センター、結婚式場のキャッチコピーです。作者は児島令子さん。ビジュアルでは、切ない表情の女性がひとりでたたずんでいました。結婚式場の広告表現といえば、新郎新婦の幸福を描いたものがほとんどです。しかし、児島さんはそんなふつうのやり方はしませんでした。ではなぜ、このようなアプローチをしたのでしょうか。
当然ですが、世の中の女性は幸せな状態にいる人ばかりではない。でも裏を返せば、幸せを手にしていない人は、これから幸せが待っている人でもある。児島さんはそんなことを考えながら、これらのコピーをつくったのではないか、と勝手ながら僕は想像しています。「これから幸せになる人々」のかすかな希望こそ、いちばんの希望。これらの一行からそれを感じ取るのは、僕ひとりではないはずです。このコピーは女性の視点で書かれていますが、そのまま女性と男性を入れ替えても成立します。人間の本質をついたコピーは、老若男女を問わず、心をゆさぶる力があるのです。

つぎのバーゲンのコピーも思わずうなずいてしまいます。

安いものはほしくない。安くなったものがほしい。

一九九四年に岩崎俊一さんが書いた、ミレニアムリテイリング（現そごう・西武）のキャッチコピーです。バーゲンに行く人の気持ちってまさにこれですよね。バーゲンの本質である「ちゃっかり」が見事に描かれています。長年トップランナーでありながら決して手を抜かず、必死にもがいてコピーをつくる岩崎さんの、「実感コピー」の代表作だと思います。

つぎも、買い手の実感を見事に射貫いたコピーです。

服が好きな日は、ゆっくり帰る。（一九九七年）
服が変な日は、まっすぐ帰る。（一九九七年）

これは女性向けにつくられた広告ですが、この気持ち、僕もちょっとわかります。マツヤレディスという福岡にあったファッションビルの広告で、リカちゃん人形のビジュアルと相まってとても印象的でした。

これを書かれた門田陽さんは、ほかにも「彼のこと、ずっと考えてたら　こわくなった。」（一九九九年）、「好きな人のせいで　よく泣いている。」（一九九八年）、「片思いならずっと好きでいられる。」（二〇〇四年）など、男性でありながら女性の実感コピーをじつにたくさんつくられています。

いま挙げたコピーは、いずれもマツヤレディスのものですが、お気づきになったでしょうか。はじめにあげたふたつのコピーと違い、商品である服について一切語っていません。それでいながら、きれいになりたいという女性の気持ちを深いところで刺激する、優れた実感コピーだと思います。

そしてこの節の最後に、実感を語るうえではずせないコピーをご紹介します。

　ただ一度のものが、僕はすきだ。

　キヤノン販売のコピー（一九七八年）で、コピーライターは秋山晶《しょう》さんです。一瞬一瞬の世界を切り取るという、カメラがもついちばんの魅力を「僕」という人物の言葉として語っています。「僕」は買い手のことかもしれませんし、秋山さん本人かもしれません。僕はこのコピーには秋山さん自身の実感と美意識が、強く込められているのではないかと思っています。

　自分という「ひとり」と真剣に向き合うことが、ひいてはたくさんの人の共感に結びつく。そのことを僕は秋山さんのコピーからずいぶんと教わりました。僕らはふだん、つい、人のことはわからないと思ってしまうものです。だけど、そんなふうに片づけてしまっては、おそらく誰の心も動かすことはできない。自分を見つめ、自分の気持ちを心のままに切り出すこと。その実感は、多少偏っているかもしれないけど、それこそが、人の心を動かす言葉になるのだと僕は思うのです。

ちょっと考えればわかる「?」をつくる

広告は、みんながわかりやすいようにつくる。不特定多数の人の目に触れる広告は、できるだけユニバーサルであることが基本です。しかし、人はわかりやすいものと同じくらい、いいや、ときにそれ以上に、好奇心をかき立てられるような「不可解」が好きなもの。たとえば、広告を見たときに、一瞬頭の中に「?」が生まれるような表現がそうです。この「?」とは、クイズや謎掛けのような意味ではなくて、少し考えさせられる、ちょっとしたひっかかりのことです。「想像の余地」とも言えるのかもしれません。

ひとつ例をあげてみましょう。

お手本は、柿ピー。

二〇〇四年につくられた広告で、コピーライターの谷山雅計《まさかず》さんが書いたものなのですが、一体何の広告だと思いますか。

じつはこれ、東京海上火災保険と日動火災海上保険というふたつの保険会社が合併したときの企業広告でした。ふたつの会社が柿ピーのような絶妙なバランスで混ざり合って、お互いのよさを引き出していこう、という宣言だったわけです。

もちろん、柿ピーとじつに相性のよい、ビールが大好きなおじさん世代がターゲットなのは言うまでもありません。保険会社がもつまじめでお堅い印象と、柿ピーという身近なお菓子のあいだには、天と地ほどの大きな隔たりがあります。その隔たりが大きければ大きいほど、理解するための想像力が必要となってきます。このコピーは、簡単すぎず難しすぎない、絶妙な距離感が計算された見事な「？」の好例です。ではつぎに、こちらはどうでしょうか。

野菜を見ると、想像するもの。

キユーピー　秋山晶　1999年

これは見ての通り、「想像」という言葉がコピーの中に使われています。さらに、この広告にはビジュアルもなければ、色もスミ一色。ただ、コピーがぽつんと置かれているだけ。そして広告の隅には、これまたぽつんと、キユーピーのロゴマークが置かれている。マヨネーズの広告なのですが、デザインまでも、見る人に想像させることをぞんぶんに意図したものでした。

　ではつぎに紹介するコピー、みなさんはどんなシーンを想像しますか。

帰ったら、白いシャツ。

一九七八年、全日空の沖縄キャンペーンで使われたキャッチコピーで、作者は眞木準さんです。青い空、青い海、おいしいごはんに、うまい酒。沖縄のよさならば、いくらでも語れることはあると思います。でも、ここではそういうことには触れていません。ただ、シャツの白さが際立つほどに焼けた肌。その姿を想像すると、沖縄旅行の魅力が自然と伝わってくる。語りたいことが多いときほど、抑制を利かせる。そうすることで見る人は勝手に想像してしまうものだと、このコピーは教えてくれている気がします。

そして最後が、こちら。

一、二

二〇〇四年にサントリーのウーロン茶で使われたコピーです。一見、何のことを言っているのかわかりません。しかも、さきほどのキユーピーの広告同様、このコピーには答えをくれるボディコピーがないのです。ビジュアルには、男性と女性。そう考えると、一人、二人、という意味かもしれないし、一歩、二歩かもしれない。じつはそんなのとはぜんぜん関係なくて、一、二、三（サン）トリーみたいな、ダジャレなのかもしれない。見る人によって、さまざまにとれる。制作者に答えを聞かないと正解がわからない。ある意味、広告として不完全とも言える危うさがあるのですが、それがかえって多くの人を引きつける。そんな異彩を放つコピーなのです。

書かれたのは、安藤隆さん。「自分史上最高キレイ！」（二〇〇三年／サントリー）や「それゆけ私」（一九九八年／サントリー）など、その後たくさんの人に真似されることになる名作コピーを数多く手掛けている方です。安藤さんはほかにも、すばらしい「？」を数多く書かれています。たとえば「アーさんもご一緒に」（一九九三年／サントリー）、「ユーはいいなあ」（一九九六年／サントリー）など、どれも頭に「？」を浮かべながら、読み手はいつのまにか安藤さんの世界に引き込まれている。そんな不思議な引力をもつコピーばかりです。

いかがでしょう。ちょっとした「?」を投げかけてみるというコミュニケーションは。容易に解けるものであれば、読み手は見向きもしないでしょう。逆に難しすぎてもコミュニケーションが成立しない。ちょっと考え、答えがわかって腑に落ちたとき、人はとても気持ちいい。そしてそのとき、商品と買い手はとたんに距離を縮めます。

詩的だなぁ物語を感じるなぁというコピー

みなさんもご存知の通り、お金を払って広告を出す広告主がいるのですから、コピーは芸術品ではありません。むしろ、商売のための極めて実用的な言葉です。それはこれまでもこれからもいっさいゆらぐことはないであろう、広告コピーの大原則です。

しかしながら、コピーの中に芸術性を感じさせるものがないかと問われれば、そんなことはありません。やはり名作と言われるコピーにはきらりと光る芸術性があります。コピーライターは、コピーの芸術性などということは口が裂けても語りませんが、ひとりひとりに尋ねたら、たぶん胸の内に秘めるものはあると思います。この節では、その中でもとくに小説や詩にも匹敵するほど豊かな表現について考えてみましょう。まずはあれこれ語るより、実際に見て感じてもらったほうがいいでしょう。

詩的な表現が多く見られるパルコの広告からご紹介します。

ナイフで切ったように夏が終る。（一九八二年／長沢岳夫）
少女は無口になった。夏の終わりだった。（一九八四年／岩崎俊一）
少年の入り口、夏。少年の出口、夏。（一九八三年／長沢岳夫）

どうです？　この切ないかんじ。パルコに置かれているものの多くは洋服ですが、そんなことはひと言も語られていません。「売り言葉」と比較するとよくわかると思いますが、言葉に直接的な表現はなく、買い手のイマジネーションにゆだねるようなスタンスが貫かれています。

この世界観は、誰にでもわかるというたぐいのものではありません。わかる人だけにわかればいい、という突き放した印象さえ受けます。しかし、この表現からは、時代を切りひらこうとする当時のパルコの意気込みと鋭い感性が見て取れます。このような新しさを感じさせる表現だからこそ、流行に敏感な人たちの心をつかむことができたのではないでしょうか。

もうひとつ別の例を見てみましょう。

恋は、遠い日の花火ではない。

一九九四年、サントリーオールドの広告で使われたコピーです。コピーライターは小野田隆雄さん。少し難しい言い回しですが、ゆっくりと味わうとその意味が徐々に伝わってきます。大人の恋を描いたこの広告は、世のおじさんたちの心の内をくすぐりました。自分にもそんなムフフなチャンスがめぐってくるのではないか、そんな淡い妄想をせずにはいられない。その気持ち、いまなら僕もよくわかります。おじさんという生き物は、誰よりロマンチストなのです。

ちなみにですが、この広告シリーズには、もうひとつ僕の好きなコピーがあります。それは、「OLD is NEW.」（一九九五年）です。日本製の英語コピーで好きなものはそう多くないのですが、これはずば抜けている。短くて、わかりやすくて、そのうえ技も効いている。もしみなさんが英語でキャッチーな文章をつくりたいときは、ぜひ、参考にして欲しいコピーです。

さて、このような詩的な物言いの名手と言えば、先にもご紹介した秋山晶さんです。秋山さんは五〇年近くコピー界の先頭を走りつづける鉄人で、僕がこの世界に入ったのも、秋山さんの作品集を図書館で見つけたことがきっかけでした。その表現には、コピーという枠を超えた、香りがあるのです。

たとえば、サントリーの「時は流れない。それは積み重なる。」（一九九二年）、パイオニアの「荒野にいたときよりシカゴにいたときのほうが寂しかった。」（一九八〇年）など、ハードボイルドな語り口で、僕らを瞬時に物語の世界へといざなってくれます。

そんな秋山さんと切っても切り離せない広告がキユーピーのシリーズ広告です。秋山さんはこの企業の広告を、なんと四〇年近くも手掛けています。

その中からひとつ、アメリカンマヨネーズという商品のためにつくられた広告（一九九〇年）を紹介します。これはシリーズ広告だったのですが、それを秋山さんらしい詩的な感覚で表現していました。商品とは大きく離れたところから物語がはじまり、最後はきちんとマヨネーズに着地させている。その手腕は、見事と言うしかありません。

少年は誰でも幻の女を持っている。

トルーマン・カポーティを最初に読んだのは16歳の秋だ。「ティファニーで朝食を」。龍口直太郎氏の訳で新潮文庫だった。学校が休みの日だったのだろう。その本を読み終った時のきらきらした午後の光。凜とした空気の中で急に寒気を覚えたのは季節の変化だけではなかったと思う。その日から、ホリー・ゴライトリーという女性が胸の中に住むようになった。少年は誰でも幻の女を持っている。ずっと後になって現実の女性が好きになったとき、彼女はやせてあごがとがり、髪は肩にとどいていた。はじめてニューヨークを旅したとき、セントラルパークにそってアッパー・イースト歩きながら、ふたたびトルーマン・カポーティを思い出していた。白いマンションを見上げるベンチで自分は彼の世界にいると思った。公園の樹々は一面に黄色く色づき、サンドイッチのマヨネーズは冷たかった。

秋山さんが、アメリカの作家トルーマン・カポーティの小説（僕は読んだことがありませんが）をお手本にコピーを書いているというのを、以前どこかで目にした記憶があります。その言葉の通り、この作品からは古きよきアメリカへの強い想いとある種のさびしさのようなものが漂ってくる気がします。

ちなみに詩のようなコピーではなく、詩そのものが広告に使われることもあります。ネスレのＣＭで使われた谷川俊太郎さんの「朝のリレー」や、ＡＣジャパンのＣＭで使われた金子みすゞさんの「こだまでしょうか」などが有名ですが、ネスレの広告は、「おはよう。ネスカフェ。」というコピーとセットになることで、「朝のリレー」のすばらしさとはまた別のコクのある深い味わいを堪能することができます。

さて、なぜこれらの表現が人を動かすことにつながるのか、そう思われたかもしれません。僕が考えるに、読み手は表現の「飛距離」を楽しんでいるのだと思います。売らんかなの広告にはない豊かな世界。そこに身を投じ、その「買い言葉」の広告がもっている「余裕のようなもの」を共有しているのではないでしょうか。

小さな声で話したほうがよく聞こえる

声高に叫ぶ人より、小さな声で話す人についつい耳を傾けたくなる。そういうことはないでしょうか。周囲の雑音にかき消されてしまいそうな静かな声で語られると、ひと言も逃すまいと全神経を集中して聴いてしまう。そして気がつけば、話にぐいぐい引き込まれている。じつは、小さな声というのは、その弱々しい印象とは裏腹に、コミュニケーションにおける強い力をもっています。

何か大事なことを話すとき、声がしぜんと小さくなってしまったり、内緒話をするときなんかも、口に手を添えて小さな声で話したりするように、小声がもっている、そんな不思議なパワーを利用しない手はありません。街中で自らの政治的心情をがなり立てる人もいますが、あれはむしろ逆効果。僕がコンサルタントを務めるとすれば、まずボリュームを日常会話並みに小さくしましょうとアドバイスすると思います。

「小さな声のコピー」と言われても少しわかりにくいかもしれません。そこで「大きな声のコピー」とはどんなものかと言うと、たとえば「安さ爆発カメラのサクラヤ」のような主張の強いコピーや、「!」を使っているような広告のことです。スーパーの折り込みチラシなどを想像してもらってもいいでしょう。

小さな声で話すアプローチを、仮に「小声表現」としたとき、自分なりの定義はというと、たとえば、「なぁ」とか「だなぁ」というように語尾が詠嘆法のものや、「あ」とか「まあ」などの感嘆詞を使ったもの、あるいはひとり言のようにつぶやかれたものとなります。

まずはこちらをご紹介します。

あ、風がかわったみたい

一九七八年、伊勢丹のキャッチコピーです。このコピーを書いたのは、小声コピーの達人としても名高い、土屋耕一さんです。土屋さんは日本の広告業界を黎明期から支えてきた、僕らコピーライターにとってとても大切な人です。そんな土屋さんの代表的な小声コピーは「太るのもいいかなあ、夏は。」（一九八二年）や、「ああ、スポーツの空気だ。」（一九八〇年）など、ほかにもたくさんあります。
ではつぎに、僭越ながら、僕の書いたものをひとつ。

あ、大人になってる。

これは二〇〇九年、グリコのオトナグリコと呼ばれるシリーズ広告のキャッチコピーとして使われたものです。サザエさんやキティちゃんなど、キャラクターの未来の姿を描いた広告でした。このように誰に向けられたわけでもない、心の声がふっと表に出てきたような表現は、大声のコピーより人の心に入るのがうまい、と思うのです。見ていただいておわかりのように、小声で語るときは、頭に「あ、」をつけるといいと、僕は土屋さんのコピーから学んだわけです。
それではつぎはこちらのコピー。

私って、いいね。

資生堂の企業広告として、一九九七年に発表されたコピーです。書いたのは山本高史さん。さまざまな年代の女性が、それぞれのステージで、めいっぱい輝いて生きている。ほかの誰かと比べるわけでもなく、いまの自分ともっとポジティブに生きていこうという、資生堂らしい広告だったのを覚えています。ＣＭでは、このコピーが声に出して読まれることはありませんでした。ポンと文字が出るだけ。そのことでよけいに「しみるコピー」となったのです。

少しこれまでのものとは違いますが、つぎのようなコピーも小声表現なのではないかと思います。

きれいなおねえさんは、好きですか。

もちろん僕の答えはＹＥＳですが、このコピーは、厳密に言えば小声で語っているわけではありません。しかし誠実な語り口を活かしたコピーも、同じように小声の力をちょっと利用していると言えるのではないでしょうか。このキャッチコピーは、一九九二年にはじまった、松下電工（現パナソニック電工）の広告で使用されていました。コピーライターは一倉宏さんです。

一般的に広告は、商品を売ろうとすればするほど、相手に訴えかける勢いも、メッセージの語気も強くなる。多くの広告に思わず耳を塞《ふさ》ぎたくなるのももっともなことです。だからこそ、小声でつぶやくような伝え方のほうが、かえってそそる。聞きたいという気持ちから買い手は前のめりになる。

このような効果も「買い言葉」ならではです。

ニュアンスを大事にするなら文章は長くていいのだ

「売り言葉」の章では、言葉を短くすることの大切さについてご説明しました。しかし、「買い言葉」のコピーでは、キャッチコピーであっても、あえて長くすることがあります。それは、ディテールを語ることでより豊かな世界を表現するためです。それは、僕らがふだん生活している中で感じたり考えたりしていることを乱暴に省略しない、という心づかいのようなものです。
まずは手はじめに、それほど長くはないものからご紹介しましょう。

バカンスとは、大してお金を使わなくても楽しかった一日のことです。

このコピーの作者は梅本洋一さん。一九九五年、良品計画が営む無印良品の広告に使用されたキャッチコピーです。「お金を使わずバカンスしよう。」でもいいのかもしれませんが、それでは一方的に言われているようで、なんだか反発したくなる。ちょっとケチ臭い感じもします。そうではなく、お金を無駄に使わなくたって、思い出をつくったり、休暇を存分に楽しんだりすることはできる。梅本さんのコピーは、大してお金を使わない休暇（ちょっとは使う）を、きちんと受け手の腑に落ちる表現で肯定してくれています。
こんどはけっこう長いコピーですから、心してお読みください。

入学式の写真を見て名前を思い出せたのは、たった七人だった。無理かも知れないけれど、みんな、いい場所にいるといいね。

一九八三年、日本リクルートセンターのコピーで、コピーライターは仲畑貴志さんです。もちろん、これを短く端的に表現することも可能かもしれません。しかし、この広告のテーマである「就職・転職活動」のようにちょっとデリケートな問題は、あまりズバッと企業側からの目線でモノを言ってしまうと、どこか説教めいたニュアンスになってしまう。だから、昔の同級生のエピソードを交え、受け手の気持ちに寄りそう言葉にすることで、仕事探しの重要さをちょっと遠まわしに伝えています。ディテール（時間や場所、登場する人物、心情など）を語ることで受け手はそのシーンを想像しやすく、リアリティが生まれる。その結果、とても共感しやすい広告になります。

もうひとつ例をあげます。第二章でも紹介しましたが、一九九二年、東海旅客鉄道が「日本を休もう」というキャンペーンをしたときのコピーで、書かれたのは岡部正泰さんです。

彼よりも課長の顔を見ている時間が長いのは不自然だ。と気づいた京都のお庭でした。

ここでは、語り手がふだんどんな生活をしているのか、いまどこにいるのか、そして心境にどう変化があったのか、ということが描写されています。描写をしながら、さらに受け手が共感するような発見がある。それがこのコピーのいちばんの特徴でしょう。

また、このコピーは読んでいて、どこか穏やかな印象を受けませんか。どうやら長めに語るというやり方には、ゆったりとした雰囲気を醸《かも》し出すという効果もあるようです。その効果をたくみに利用することで、「日本を休もう」にふさわしい、悠々とした世界観づくりに成功しているのです。

それではもうひとつ、こちらのコピーをどうぞ。

昼間だと話さないことも夜勤のときは話してしまう。
みんな良い奴に見えてくる。

これは、一九九七年に奥田英輝さんが書いた、見山製紙工場という会社の求人広告です。求人広告には長めのコピーが多い。その理由は、求人広告は見る人が「読みたいという意志」をもって読む、数少ない広告のひとつだからです。

給料のいい仕事なら、数字だけドカドカ載せればいいのかもしれません。でも仕事を探すときは、給料だけでは決められませんよね。働く場所や仕事内容、職場の雰囲気だって仕事を選ぶ大切な要素になります。読み手がどんな態度であなたの言葉と向き合っているのか。そのことを考えると、しぜんと言葉の長さも決まってくるのです。

それではつづいて、一九七七年のこちらのコピーです。

キミと、はじめて「あんなこと」になった頃。まだ、このジーンズも、恥ずかしいほど、青かった。暗がりで、ゴワゴワ、音なんかしちゃってさ。

ウェルジンというジーンズの広告で使われたコピーで、作者は糸井重里さんです。キャッチコピーというより、小説などの一部のように見えますが、これもれっきとしたキャッチコピーです。長くてもスイスイ読めて、しかもこの広告で描かれているシーンが、ありありと伝わってきませんか。

この節では「なが〜い」コピーをいくつも紹介してきましたが、そうはいってもあまりに長すぎる表現は考え物です。そもそもこれらのコピーは長いことは長いのですが、よく見ればムダな言葉は何ひとつ使われていません。

短ければいいってもんじゃない。かといって長ければいいってもんでもない。短い表現をベースとして、こわごわと、ちょこちょことニュアンスをたしていく。それが長くても読ませる文章の最善のつくり方ではないかと僕は思います。

感覚に直接訴えかける

見る、聞く、嗅ぐ、触る、味わう。こういった五感でキャッチした情報のほうが、鮮明に人の記憶に残るのだそうです。広告業界には、こうした人間の特性を踏まえたアプローチ手法があります。いわゆる「シズル表現」と呼ばれるものです。

「シズル」とは、肉を焼いたときの「ジュージュー」という音を表す英語の擬声語

「sizzle」からきており、擬声語全般を指します。転じて、肉の焼ける音を伝えることで受け手の記憶を呼び覚まし、「食べたい」という欲求を喚起するといった類のアプローチを「シズル表現」というようになりました。このように、あらゆる人の感覚を直接刺激するシズルコピーは、一種のユニバーサルな手法だと言えるのかもしれません。

たとえばつぎのようなコピーです。一九八五年の仁丹の広告で、作者は下田一志さん。

スーしませう。

この広告に出演していたビートたけしさんの印象とともに、いつまでも鮮明に記憶に残っています。若い人は仁丹をご存知ないかもしれませんが、いまで言うところのフリスクに近い商品で、口に含むとスーッという独特の清涼感があるのが特徴です。このキャッチコピーはシズルをとても上手に使っています。どことなくコミカルな「スー」と、奥ゆかしい「しませう」という組み合わせも秀逸です。

耳は、目よりも感じる。この特性に思いっきり特化した広告がつぎです。一九七四年につくられた日本国有鉄道（現在のＪＲ）の広告は、長沢岳夫さんによるこんなキャッチコピーで展開されました。

ミーン、ミーン、ミーン。

これほどむき出しのシズルコピーもめずらしいと思いますが、ビジュアルは、浴衣姿の少女。キャッチコピーはもちろん蟬《せみ》の鳴き声です。これらの要素だけで、見た人に、熱い日差しが照りつける夏を想起させる。さらにその風景に自分も入りたいと思わせる。そんな力をもっています。日本人が共通してもっている「蟬の鳴き声」というシズルで生みだされた効果です。

そして、「蟬の鳴き声」と言えば、もうひとつ。

ビール、ビールと蟬が鳴く。

一九九三年、キリン「一番絞り」のキャッチコピーです。書かれたのは中村禎さん。シズル感のあるコピーの変化球といったところでしょうか。もちろん蟬は、こんな鳴き方はしません。けれど目にした瞬間、爽快な青空のもと、きんきんに冷えたビールが、栓を抜かれるのを待っている絵が浮かびます。ビジュアルでは浴衣姿の緒形拳さんと冷えたビール、冷や奴が使われていましたが、それがなくても、「ビールが飲みたくなるシズル」が全開の名コピーです。

では最後に、僕が身悶えするほど大好きな、国際羊毛事務局のシズルコピーです。

さくさくさく、ぱちん。

一九七四年の広告で、コピーライターは西村佳也さん。西村さんが書いた国際羊毛事務局のコピーと言えば、まず思い出すのが「さわってごらん、ウールだよ。」ですが、思えばこのコピーも、感触を思い起こさせるという点で、シズルコピーだと言えるのかもしれません。そしてこの「さくさくさく、ぱちん。」、キャッチコピーだけ見るとわかりづらいのですが、作業台のうえに置かれたハサミの写真と、つぎのようなボディコピーを見ると何のことかよくわかります。

「ほら、いいウールだと鋏の音も違うんですよ」

ある洋服づくりの名人が教えてくれました。サクサクとちょうどよく切れるカマで稲を刈り取るような、歯切れがよくて軽い音。決してジョキジョキなんていわないのだそうです。これは布地が、キレイに垂直に切れている証拠なのです。思うにこれは、ウールのすぐれた弾力性がなせるワザ。鋏の力をやわらかく受けとめ、切れるとスパッとはじけるけれど、常に鋏との間にスキマができない…かのベテラン裁断師の言葉を借りれば、「いい生地は吸いついてくる」のです。だからこそ鋏が、流れるように動くのだ、と彼は言います。

「まるでダンスのうまいカップルみたいなものさ」

どんなに上等のウールといえども、切らなければただのキレにすぎません。裁断して、服に仕立てて、はじめてウールに生命が吹き込まれるのです。だから裁断は、神聖な儀式。

「鋏を入れた瞬間、ツィードならツィードの、ウーステッドならウーステッドの、独特のハリ、コシ、風合いが、微妙な手応えとなって伝わってくる。いい服地はね、言葉をもってますよ。ええ、口をきくんです。本当にね」

手にとるとプロの鋏は大きくて重い。厚いオーバーコート地などは、この重みで切ってゆくのだそうですが、それはまたプロのプライドの重み、服への愛着の重みでもあります。

ウールをハサミで切ったときの「さくさくさく」という擬音で読み手の感覚に訴えかける。軽さと弾力性を兼ね備えた上質なウールの風合いを、理屈ではなく感覚に訴えかけることで、思わず触れてみたくなるような感情をかき立てられます。大胆なのに、とてもチャーミングなコピーです。

感覚は、ほぼ万人共通のもの。それを刺激できる「シズル」は非常に強い「買い言葉」です。ロジックでは越えられない壁を軽々と越え、人の心をダイレクトに動かしてしまう力があるのです。

ひとつの切り口では語りきれない時代

昔は、大きなキャンペーンを仕掛け、一本のコピーを一年、もしくはそれ以上使うことがよくありました。それに比べていまの時代は同じキャンペーンをするにしても、複数のコピーをつぎつぎに使って広告する、という手法が多く見られるようになった気がします。

また、いまの時代、買い手の想いはひとつではないため、ある人には強く刺さる表現が、ほかの人にはまったく刺さらない、ということもあります。そのリスクを避けるために、複数の切り口からそれぞれの買い手にぴったり合うようなメッセージを発する、そういうこともふえている気がします。

「ひとりに、つぎつぎ」と、「それぞれに、ぴったり」。時代のスピードがあがったことと、価値観の多様性が加速度的に増してきたことは、シリーズ広告の増加と関係があるのかもしれません。

たくさんの切り口で人々の共感をえたコピーを早速ご紹介します。

玉山貴康さんが書かれた楽天トラベルのシリーズ広告です。

失恋するたび、わたしは日本を知ってゆく。（二〇〇八年）

家族の短冊を見た。願い事がみんな地名だった。（二〇〇七年）

「混浴」と聞いて、すぐ部長はコンタクトレンズをつくりに行った。（二〇〇八年）

傷心旅行をする女性や家族サービスを迫られているお父さん、もうすぐ会社の慰安旅行がある会社員という具合に、さまざまな人の視点を借りて旅の周辺にある気持ちを表現しています。買い手は自分の心境や状況にぴたりとはまるものを目にすることで、旅に出たいという思いをくすぐられることでしょう。このシリーズ広告は新聞の小さなスペースで二年半ものあいだ毎日欠かさずに掲載されました。なんと九〇〇回を超えるシリーズすべてが異なるコピーで展開されたのです。玉山さんご自身は、おそらく旅行に行くヒマなどなかったことでしょう。

つぎに、僕が書いた日本たばこ産業のシリーズ広告をご紹介させていただきます。

たばこを持つ手は、子供の顔の高さだった。（二〇〇四年）
７００度の火を持って、私は人とすれちがっている。（二〇〇四年）
オナラの時の後方確認。たばこの時は忘れてた。（二〇〇五年）

喫煙マナー向上を呼びかけるシリーズ広告です。ふつう、こうした啓蒙広告は「トイレをきれいに使いましょう」のような、命令口調のものが主流と言えます。しかし、それで人が気持ちよく従ってくれるのかというと、けっしてそうとは言えません。少なくとも僕は違う。そこで喫煙者の実感から生まれた「買い言葉」で示唆することにしたのです。これには、僕自身が喫煙者であることと、人より「ずるい自分」が大いに役立ちました。自分の内なる声に耳を傾け、たばこを吸うときに忘れがちな配慮、気づかないふりをしている罪悪感など、たくさんの本当の気持ちや態度をひとつひとつ言葉にしていきました。そしてそれを受ける形で「あなたが気づけばマナーが変わる」というコピーを下のほうに据えたのです。「思い当たる節」を投げかけることで人の心は動かすことができる、と僕は

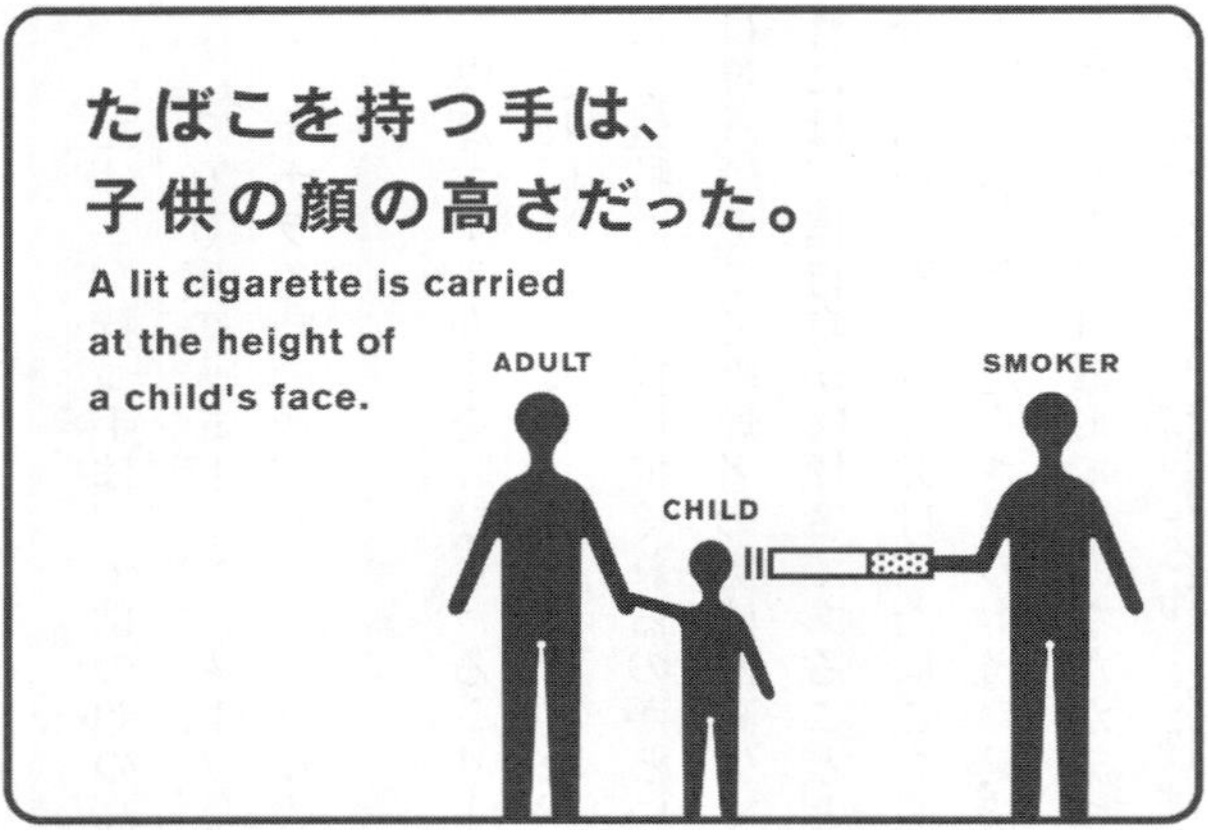
たばこを持つ手は、
子供の顔の高さだった。
A lit cigarette is carried
at the height of
a child's face.
ADULT
CHILD
SMOKER

700度の火を持って、
私は人とすれちがっている。
I carry a 700℃ fire
in my hand with
people walking all
around me.
FIRE
LIGHT
TOBACCO

日本たばこ産業
岡本欣也

信じています。

さらにもうひとつ、こんどは商品の特性を、買い手の目線でうたったシリーズ広告をご紹介しましょう。トヨタ自動車のプログレ、書かれたのは東秀紀さんです。

「ヘッドランプは　丸いほうが　好きですね。目ですから。」（一九九八年）

「本を読むにもちょうどよい部屋があるんです、このクルマには。」（一九九八年）

「小さいと、高級車には見えないですか。」（一九九八年）

このクルマの特性をいくつも切り出しながら、シリーズ全体をくくるスローガン「小さな高級車、プログレ。いいクルマに会いました。」へとつなげます。まさに買い手の内側から発せられたような言葉でこのクルマの特性を静かに伝えた上質なシリーズ広告です。

ほかにも、ビジネス手帳の高橋書店のシリーズ。「今日、高橋を失った。」「妻は本当の私を知らない。高橋は私のすべてを知っている。」「佐藤さんは、高橋だった。」（いずれも二〇〇四年／杉谷有二）。ユーモアたっぷりで話題になりました。また、世界中で愛用されている懐中電灯のハイブランド、マグライトも真摯なたたずまいにファンが多い。そんな商品特徴を、つぎのようなシリーズ広告でうまく表現しました。「陽は沈んでも、人生は続く。」「人生の約半分は、暗闇である。」「来た時と、違う道が待っている。」（一九九八―一九九九年／原裕幸）、洗練された物言いがじわじわと心に響いてくる、そんなコピーがつづきます。

強い共感を、より多くの人へと広げるシリーズ広告がどのようなものか、その効果も含め、ご理解いただけたのではないでしょうか。

最後にもうひとつ、僕が個人的にシリーズ広告の最高峰だと感じている帝国ホテルのコピーを紹介します。

紙クズは　もう一泊します。（一九八〇年）

メイルサービスに　チェックアウトはありません。（一九八〇年）

シェフが育てた　しみ抜きの達人たち。（一九八〇年）

帝国ホテルを象徴する高い美意識と厳格な規範、そこから生まれたサービスをこれらのキャッチコピーからはじまる上質なエッセイのようなボディコピーでつづります。ご紹介した三つのコピーは川辺京さんという方が書かれていますが、ほかにも複数のコピーライターがバトンを回す形で「エレベーターも『客室』です。」(一九八六年/渡辺悦男)、「ケーキにも、設計図があります。」(一九八六年/森脇淳)、「調理場に滞在するＶＩＰがいます。」(一九八六年/渡辺悦男)といった秀作コピーを展開しています。これらは買い手の視点で語られたものではありません。帝国ホテル側から、自分たちが行っていることをひとつひとつ切り出しているスタイルです。けれど、一本の広告に売り手の主張すべてを盛り込む広告とは違い、小さく切りわけて語ることで、ホテルに泊まる人の深い共感をえられる表現になっているのではないでしょうか。

さて、シリーズ広告についてご理解いただいたところで、ひとつご提案です。

こうしたシリーズ広告の手法はふだんの生活にもきっと役立ちます。たとえば社内の一斉メール。少し手間ですが、送り先を細分化して、それぞれの相手に向けて冒頭のフレーズを使いわけてみる。それだけで、心を動かすメッセージ性を強めることができるでしょう。文章は、使った時間に比例して心に響きますから、ぜひとも、試していただきたいと思います。

ここまでいろいろな「買い言葉」を見ていただきましたが、いかがでしたか。「売り言葉」と違って、なるほどわかったぞ、とはいかないかもしれませんね。でも、伝え方にはさまざまな方法があることはご理解いただけたのではないでしょうか。送り手が自由に、楽しみながら伝える。これもまた、人の心を動かす言葉を考察するうえで欠かせないものだと思うのです。

では、つぎの章では、これまで見てきた「売り言葉」と「買い言葉」のまとめに加え、別の角度からの考察も試みたいと思います。

第四章 「売り言葉」と「買い言葉」のまとめ

「売り言葉」の父は仲畑さんである

まず、この節では改めて、「売り言葉」のまとめをしたいと思います。「売り言葉」は、名前をはっきり伝えることや、ひねることなく素直に伝えること、短くしてわかりやすくすることなど、いずれもコピーライターに限らず、人が言葉を伝えるうえでとても基本的な考え方によってつくられたものばかりでした。

しかし、基本的なことほどおざなりになりやすいもの。ですから、ときどき点検する意味も込めて本書を確認してもらうことで、言葉の伝え方の土台をより強固なものにしていただければ、これほどうれしいことはありません。

ここで、僕が独断で選んだ「ミスター売り言葉」とも言うべきコピーライターをご紹介させてください。それは第一章でも少し触れた、仲畑貴志さんです。仲畑さんと言えば、もう何十年も広告業界の第一線で活躍している、「ザ・コピーライター」です。その長いキャリアの中には、「売り言葉」の名コピーがたくさんあります。代表的なものを、ほんの一部ですがご紹介しましょう。

樹氷にしてねと、あの娘は言った。（一九七九年／サントリー）
そこにカゼがある限り、ベンザエースは許しません。（一九八八年／武田薬品）
目の付けどころが、シャープでしょ。（一九九〇年／シャープ）
人類は、男と女と　ウォークマン。（一九八二年／SONY）
100年、貯めたっていい。（二〇〇四年／クレディセゾン）
「角」÷H_2O（一九七六年／サントリー）

ほかにも例をあげればきりがないのですが、じつは、仲畑さんが巨人たるゆえんは、「売り言葉」だけでなく、「買い言葉」にもたくさんの名作があることです。

私は、あなたの、おかげです。（一九八六年／岩田屋）
愛とか、勇気とか、見えないものも乗せている。（一九九三年／九州旅客鉄道）
世の中、バカが多くて疲れません？（一九九二年／エーザイ）
目的があるから、弾丸は速く飛ぶ。（一九八六年／パルコ）

帰りたい町が見えた。正しく言うと、帰れない町が見えた。（一九八二年／マルオ被服）

このように「売り言葉」にも「買い言葉」にも有名なコピーがたくさんあるのですが、傾向として見れば、やはり「売り言葉」と言えば仲畑さんである、と言ってもよいのではないかと思います。

さて、「売り言葉」とは、どちらかと言えば体育会系の言葉ではないかと僕は思います。啖呵《たんか》をきったような威勢のよさがある。事実をわかりやすく伝える誠実さがある。短い言葉の中に力強いメッセージがある。だからこそ受け手は、この商品やサービスを利用してみようかとふと心を許してしまう。

頼もしさと親しみの同居が「売り言葉」の本質なのかもしれません。

「買い言葉」の父は糸井さんである

つぎに「買い言葉」についてまとめたいと思います。「買い言葉」は、全体的に抽象的な表現が多い。ですから「売り言葉」と比べると、どうしても理解しづらい部分があったかもしれません。

しかし、買い手の視点に自分の感覚をチューニングして、そこに訴えかけるという手法は、まさに広告表現の真骨頂と呼べるものかもしれません。コピーライターが共感をえるためにいかに心をくだいてきたか、その一端がおわかりいただければ、それだけで本書を執筆したかいがあったというものです。

思えば、「買い言葉」のように商品とのあいだに距離がある表現は、企業にとって、買い手側の理解力を信じていなければとうていできるものではありません。

そういう意味では、「買い言葉」は、企業側から買い手側への信頼のうえに成り立っている言葉と言えるでしょう。それが「買い言葉」のひとつの特徴であり、買い手はそれを表現の根底にそこはかとなく感じるからこそ、心をひらいてくれるのだと思います。

さて、「売り言葉」には、仲畑さんのコピーが多いと先述しました。それに対して「買い言葉」を多く書いたコピーライターをあげるとすれば、それは糸井重里さんです。糸井さんは八〇年代中盤に起きたコピーライターブームの中心的な存在でした。それだけでなく、テレビ番組「YOU」の司会や、ゲームソフト「MOTHER」の開発、「ほぼ日刊イトイ新聞」の代表など、非常に多岐にわたる活躍をされている希有《けう》な方です。それでは糸井さんの「買い言葉」コピーを、こちらもほんの一部ですが、ご紹介いたします。

おいしい生活。(一九八二年/西武百貨店)
うれしいね、サッちゃん。(一九八五年/西武百貨店)
いまのキミはピカピカに光って(一九八〇年/ミノルタ〈現コニカミノルタ〉)
あったかい夜をプリーズ。(一九八二年/サントリー)
男は先に死ぬ。(一九八八年/パルコ)
エブリバデ、大統領ッ。(一九八五年/パルコ)
人間だったらよかったんだけどねぇ。(一九八四年/学生援護会)

これらの言葉だけでは、広告の意図をすべて理解することはとうてい不可能に感じます。この本のずっと前のほうでも述べた通り、糸井さんは小難しい理屈とは別のところで、その時代の気分をわしづかみにする、魔法使いのように僕には見えます。

さて、前節で「売り言葉」は体育会系の言葉だと書きました。それに対応させれば「買い言葉」は、限りなく文系の言葉です。詩や小説のように、読む人をどこか別の世界へ連れていってくれる表現や、人間の心の深い部分に触れる表現が多く見られるからです。

だから「買い言葉」には、人を前向きな気持ちにしたり、悩みを少しだけ軽くしたりと、そういった感情の変化を生み出す力があります。ですから、商品やサービスを利用してもらうという広告本来の目的とあわせて、見た人をちょっと幸せにするという、うれしいおまけを備えた表現でもあるのです。

最後にこれだけは知っておいていただきたいのですが、そもそもあらゆる広告は、付加価値を与えるためにあるものです。それは「売り言葉」であっても「買い言葉」であっても変わりません。

ただしその手法は大きく違います。「売り言葉」とは、言わば「黒子」のようなもの。商品そのもののニュースを前面に出すために、裏方に徹します。「買い言葉」とは、言わば「主演」を演じるようなもの。商品自体に際立ったニュースがないとき、余裕を感じさせたいときに、広告が前に出ることでニュースや話題をつくろうとする。

ですから、みなさんが「売り言葉」や「買い言葉」を考える際にも、どちらの役割をはたそうとしているか、という確認も忘れないでほしいと思います。

売りであり買いであり

これまで「売り言葉」と「買い言葉」についていろいろと考察し、僕なりにまとめてきました。では、本当にすべての広告コピーは、「売り言葉」と「買い言葉」にきっちりわけられるのか。そこに気づいてしまったあなたは、とても鋭い人ですね。じつは、たくさんのコピーを調べているうちにどちらにもわけられない、それでいて秀逸なコピーがありました（しかもおどろくほどたくさん）。たとえばみなさん、このコピーは「売り言葉」と「買い言葉」、どちらだと思いますか。

うまいんだなっ、これが。

「売り言葉」の章でも軽く触れましたが、これは一倉宏さんが書いた、サントリー「モルツ」のコピー（一九九二年）です。商品名を軽快なリズムでくり返したあとの、最後の決め台詞。もしこれが「モルツはうまい！」や「うまいんだよね、モルツ！」だったら、明らかに「売り言葉」的だと言えます。でも「モルツ」と言わず「これが」にすることで、明らかに商品を指し示しながら宣伝くさいベタな物言いになることからぎりぎり逃れている。その絶妙なさじ加減こそ、このコピーのいのちであり、売り・買いを兼ねそなえていると思わせるゆえんです。

ではこちらはどうでしょう。

あいててよかった。

一九七六年につくられたセブン‐イレブンのコピーです。どちらかというと、このコピーは「買い言葉」に見えます。この「あいててよかった。」は、お客さんの実感そのものだからです。しかしこの気持ちは、「夜一一時まで開いている」という事実のものすごくそばにある（ちなみに昔のセブン‐イレブンはその名の通り、朝七時から夜一一時までの営業でした)。その意味で、極めて「売り言葉」に近い「買い言葉」だなぁ、と思うわけです。

それでは、これはどちらだと思いますか。

一瞬も　一生も　美しく

これは資生堂の企業スローガン(二〇〇六年)。書かれたのは、国井美果さんです。スローガンとは企業の理念や目的を世の中に伝えるための言葉です。ですから、定義としては「売り言葉」なのですが、この言葉のもつあまりにも普遍的なメッセージによって「買い言葉」のような強烈な共感を呼ぶことに成功しています。

これらのように、売り手の主張と買い手の実感が同時に表現されたコピーもありえるのです。コピーライターは広告する商品やサービスに応じて、「売り言葉」と「買い言葉」をたくみに組み合わせ、織り混ぜながら言葉を生み出している。そんなふうにも言えるわけです。

では最後に、岩崎俊一さんと僕の共作コピーを紹介させてください。これは二〇〇七年から年末年始の年賀状キャンペーンで使用されている日本郵政のコピーです。

年賀状は、贈り物だと思う。

年賀状は、二〇〇四年をピークに、発行枚数が年々減少しています。その理由は、パソコンやケータイで簡単に新年のあいさつができるようになったことや、会社が「虚礼廃止」の名のもとに、年賀状などの習慣を控えるようにしたことなど、いろいろあると思います。そういう時代に、改めて売り手と買い手、双方の価値を探して書いたのが、この「年賀状は、贈り物だと思う。」です。

このコピーには、ボディコピーがあります。それを読んでいただけると、「売り言葉」と「買い言葉」のふたつの要素が入っていると感じていただけるのではないでしょうか。

たった一枚の、小さくて、うすい紙。

それが年賀状です。

そこには何も入らない。
指輪も、セーターも、シャンパンも入らない。
でも、そこには、あなたを入れられる。
あなたの気持ちを、あなたの言葉を、
あなたの表現を入れることができる。
だから年賀状はすばらしい。
そう思いませんか。
大切な人のもとへ。
一年で、いちばん初めに届けられるプレゼント。

コピーライターをほかの仕事にたとえるなら、言葉のバーテンダーのようなものと言えるのかもしれません。彼らが別々のお酒の混ぜ方を工夫してカクテルをつくり出すように、コピーライターも「売り言葉」と「買い言葉」を上手に混ぜ合わせながらさまざまなコピーをつくっているわけです。ストレートで楽しんだほうがいい場合は、もちろんそのまま出せばいい、ということになります。

つまり、必ずしもすべてのコピーを「売り言葉」と「買い言葉」に振りわけることはできない。場合によって、そのふたつは同心円のように真ん中でいくぶんか重なっている。そんなイメージでとらえていただいていいと思います。

もういちど「売り言葉」の時代がやってきた

それではここで、「売り言葉」と「買い言葉」の総括として、広告の歴史の流れを踏まえて、このふたつの言葉の変遷を見ていきましょう。

これまでここ五〇年ぐらいのコピーの名作を見てきてわかるように、一九六〇〜七〇年代は、「売り言葉」の時代と言えます。つづく一九八〇年代は、一転して「買い言葉」の時代になりました。では一九九〇年代からはどうなっているかというと、ふたたび「売り言葉」の時代になっていると僕は思います。

いま申しあげたことの一例として、その移り変わりが比較的わかりやすい、ウイスキーの広告で振り返ってみます。

まずは、一九六〇~七〇年代のコピーです。

トリスを飲んでHawaiiへ行こう！（一九六一年／トリスウイスキー／山口瞳）
ソフトウイスキーならサントリーレッド！（サントリーレッド）

最初にあげたのが、第二章でもご紹介したトリスウイスキー、つぎがサントリーレッドのコピーです。当時はウイスキーの市場が日本経済の成長とともに、どんどん拡大していました。新商品の発売も多く、そこでは商品名を入れたり、呼びかけたりといった「売り言葉」の広告が数多く見られます。

つづいて八〇年代です。

少し愛して。なが―く愛して。（一九八一年／サントリーレッド／糸井重里）
ランボオ、あんな男、ちょっといない。（一九八四年／サントリーローヤル／長沢岳夫）
近道なんか、なかったぜ。（一九八八年／サントリーオールド／小野田隆雄）

このころ、日本のウイスキー消費量はピークを迎えます。そのため、ウイスキー広告の主流も「買い言葉」に変わり、「買い言葉」の黄金時代と言えるほど、名作と言われるコピーがつぎつぎと生まれた時代です。

それが九〇年代に入り、ウイスキーの消費量は徐々に減少していくことになります。しかし、そんな中、一九九八年にウイスキーの酒税引き下げが実施されることが決まります。それに合わせるようにコピーも「祝ウイスキー開放。」（一九九七年／サントリー／小野田隆雄、中村禎）、「ウイスキー飲もう気分」（一九九九年／サントリー／児島令子）といった「売り言葉」がまた現れはじめました。そして近年、みなさんの記憶にもまだ新しいかと思いますが、若い人を中心にハイボールが大ヒット。ふたたび、つぎのような「売り言葉」がよく見られるようになりました。

ハイボールはじめました。（二〇〇八年／サントリー角）
みんなの!! トリスハイボール。（二〇一一年／トリスウイスキー／岩田純平、有元沙矢香）

しかしながら、これは昔の「売り言葉」と同じものなのでしょうか、それとも違うものなのでしょうか。そのことについては、後ほど詳しく見ていきたいと思います。

余談ですが、ここではあえてサントリーの広告だけを取りあげてみました。じつはサントリーは、ウイスキーだけでなく、名作とされる広告を数えきれないほど生み出しつづけてきた希有な企業のひとつです。おそらく、この会社に関するものだけを集めても本が一冊つくれるぐらいでしょう。

ではもうひとつ、こんどはファッション業界のコピーの歴史を振り返ってみましょう。広告業界的な見方で恐縮ですが、パルコやマルイ、ラフォーレ原宿のようなファッションビルの広告だけでなく、伊勢丹や西武といった百貨店の広告もここではそういうくくりにさせてください。

なぜ年齢をきくの（一九七六年／伊勢丹）

僕の君は世界一。（一九八一年／パルコ）

昨日は、何時間生きていましたか。（一九八五年／パルコ）

伊勢丹のコピーを書いたのは、土屋耕一さん。そのつぎのパルコのコピーは糸井重里さん。三つ目のパルコのコピーは仲畑貴志さん。なんとも豪華なメンツです。これらのコピーはいずれも七〇年代から八〇年代に書かれた「買い言葉」の名作です。

ファッション業界のコピーの歴史を振り返りますと、八〇年代を中心に圧倒的に「買い言葉」が多い。それは理屈で語るより、見る人が憧れるような、カッコいい世界をつくることが大切だったからだと思います。

そんな状況が大きな変化を遂げたのは、一九九〇年代終わりのこと。こちらのコピーをご覧ください。

ユニクロはなぜジーンズを２９００円で売ることができるのか（一九九九年）

ユニクロのフリース１９００円（二〇〇一年）

ユニクロを展開するファーストリテイリングが起用したキャッチコピーです。ふたつともコピーライターの佐藤澄子さんによって書かれました。これまでの、イメージを売りにしたファッション業界の広告とはまったく違う、価格訴求型のコピーです。この戦略が成功し、当時日本でユニクロのフリースが一大ブームになりました。そのことは、まだみなさんの記憶に新しいのではないでしょうか。

ウイスキーとファッション。ふたつの業界から広告の流れを見てきました。こうして振り返ってみると、大きな流れとしては「売り言葉」から「買い言葉」へ、そしてまた「売り言葉」へと移り変わっているのを感じていただけるのではないでしょうか（ファッション業界は「買い言葉」から「売り言葉」へ）。

それではつぎの節では、ここで紹介した新しい時代の「売り言葉」について、もうちょっと詳しく研究してみたいと思います。

これが新しい時代の「売り言葉」です

前の節では、ウイスキーとファッション広告の歴史を、「売り言葉」と「買い言葉」の視点から振り返ってみました。先述した通り、いまは「売り言葉」だと思うのですが、それが一九六〇〜七〇年代の「売り言葉」とまったく同じかと言うと、そういうわけではありません。では何が違うのか。その秘密を探るべく、さきほどあげた新しい時代の「売り言葉」を例に、もう少し考察してみましょう。

まずは、「ハイボールはじめました。」です。現在もつづくハイボールの人気は、ここからはじまりました。ハイボールは昔からある飲み物でしたが、この広告以前は、一部のおじさんたち以外、ほとんど馴染みがなかったのではないでしょうか。このコピーは居酒屋さんなどに、のぼりやポスターとして展開することも想定していたので、「冷やし中華はじめました」の気分でこのような表現にしたのだと思います。最初のあいさつとして、じつに王道の「売り言葉」です。

つづいて、「みんなの‼ トリスハイボール」というコピーですが、こちらの場合は、トリスハイボールという商品に「みんなの‼」とつけただけの極めてシンプルな表現です。

トリスウイスキーがそもそもどういうものだったかと言いますと、昔からサントリーの定番商品ではありましたが、どちらかというと安価なお酒というイメージが強かった。そのイメージを逆手に取って、誰もが気軽に飲めるお酒であるということ、缶入りの商品なのでいつでもどこでも飲めるということ、このふたつの意味を込めて「みんなの!!」と、表現したのだと思います。

先述したように、ハイボールは昔からある飲み物です。しかしそれを新しく買い手の目線から考えなおしたことで、多くの人の支持をえることに成功したのではないでしょうか。

つづいては、ファッション業界の「新しい売り言葉」です。前節で取りあげたのは、どちらもユニクロのコピーですが、同社の大きな転換期は一九九八年にワイデン&ケネディというクリエイティブエージェンシー（広告制作を専門とする会社のこと）が広告戦略に加わったときだと思います。ワイデン&ケネディとは、もともとアメリカのクリエイティブエージェンシーで、有名なところでは、「JUST DO IT.」をはじめとしたＮＩＫＥの広告をつくっています。

当時、この会社のクリエイティブディレクターであったジョン・Ｃ・ジェイさんが先頭に立って、いまのユニクロの広告表現の基礎となる世界観をつくり出しました。「ユニクロのフリース１９００円」も、「ユニクロはなぜジーンズを２９００円で売ることができるのか」も、彼のクリエイティブディレクションのもとでコピーライターの佐藤さんが書いたコピーです。

ビジネスモデルの説明はほかの本にゆずるとして、ファーストリテイリングはいわゆるSPAと呼ばれる、素材調達から商品企画、製造、販売といったすべての工程を自社で手掛ける方式をとっています。

このようなビジネスモデルだからこそ、高品質で低価格の商品をつくることができる。じつはそのこと自体が、買い手目線の発想にほかならないのです。ですからユニクロの広告戦略が価格訴求型の「売り言葉」であっても、それは徹底的な顧客志向から生まれたものなのです。

さて、「新しい売り言葉」が使われている例として、特徴的なふたつの商品を紹介しました。これらのコピーには、商品そのものが買い手目線からできているということがしっかりと反映されています。

もちろん、いまの時代の「売り言葉」がすべて売り手と買い手の両方の目線からつくられている訳ではありません。ただ僕の実感で言うと、そういうコピーがふえているように感じるのです。

また、いまは「売り言葉」の時代ですが、かといって「買い言葉」が効かないというわけではありません（「買い言葉」全盛の八〇年代に「ベンザエースを買ってください」があったように）。ふたたび「買い言葉」の時代になることだって十分あります。「売り言葉」と「買い言葉」と「両方の要素をもった言葉」。どれがその時代の人々の心を動かすのかは、ビジネスのあり方とも大きく関係しています。ですから、時代やビジネスが変われば、言葉の表現も変わっていく。その意味では、この研究に終わりはないのかもしれません。

さて、これで「売り言葉」と「買い言葉」の紹介は、ひとまず終了です。どうでしたか。みなさん、お楽しみいただけたでしょうか。

しかし本書の目的は、「売り言葉」と「買い言葉」を知ってもらうことだけではありません。最終目的地は、みなさんに「心を動かす言葉」を身につけていただくことにあります。ですから、ここまで読み進めてくれたみなさんには、次章で僕がふだん実践しているアレコレをご紹介したいと思います。

第五章　人の心を動かす言葉

「ど真ん中の価値」を探す

これまで「売り言葉」と「買い言葉」を通じて、「人の心を動かす言葉」とは、どのようなものかをご紹介してきましたが、最後にこの章では、僕なりの「心を動かす言葉」の実践をまとめてみたいと思います。僕自身もまだまだ試行錯誤の連続なので、万能の法則とは言えないですし、いわゆるハウツー本のような即効性はないかもしれません。けれど、これまで仕事をする中で培ってきた自分の土台のようなものです。あらゆる仕事のさまざまなシーンで使えるものだと思うので、あなたにも参考になる部分があると信じてご紹介していきます。

最初にお話ししたいのは、「ど真ん中の価値を探す」という発想法。僕が最も大切にしているものです。「ど真ん中の価値」とは、伝えたいことのいちばん中心にある価値のこと。わかりやすく、ひと言で言えて、それがないとすべてが台なしになってしまう何かです。「本質」という言葉にも、言い換えられます。

このように話すと、広告業界では「本質」よりも「時代」を読むほうが大切では？という質問を受けることがあります。もちろん時代性も大切です。ですが、優先順位として「本

幸福は、
ごはんが炊かれる場所にある。

HottoMotto
ほっともっと

食事をする時、人は幸せでいてほしい。私たちは、心からそう考えています。

ひとりの時も。あわただしく食べる時も。仕事をたっぷりかかえている時も。

もちろん大好きな人と一緒にいる時も。だって、食べることは、人が生きてゆくためにいちばん大切なことなのですから。

私たちが、創業以来、お弁当のあたたかさにこだわってきたのはそのためです。

お米のおいしさにこだわってきたのも、その土地その土地の新鮮な食材にこだわってきたのも、そのためなのです。

お店でごはんを炊く時、ふと、こんなにうれしい仕事はないのではないか。そう思うことがあります。私たちのやっていることは、ずっと昔から、この日本のすべての家庭でくり返されてきた風景と同じだからです。愛する人がいて、その人を想いながら、その人の目の前でつくり、それをあたたかいまま差し出す。毎日をいっしょうけんめい生きている家族の、そのもっとも基本になる姿が、そのまま、私たちの仕事の中にある。そう思えてならないのです。

日本は、これからますます忙しくなります。少人数家庭もふえることでしょう。

お弁当が活躍するシーンはどんどんふえると思うのです。

お弁当ががんばれば、日本はもっとあたたかくなる。

私たち「ほっともっと」にご期待ください。

プレナス
岩崎俊一、岡本欣也、米田恵子
2008年

質」をつかまえるほうが先だと僕は思うのです。その理由は、のちほどご説明するとして、まずは「ど真ん中の価値」をつかまえる意義を、実際の仕事を例にご説明させていただきます。二〇〇八年に、ほっともっとを運営するプレナスの企業広告として、岩崎俊一さん、米田恵子さんと書いたコピーです。

幸福は、ごはんが炊かれる場所にある。

ご存知の通り、ほっともっとは、お弁当屋さんです。コンビニと同じく、時間に余裕のないときにごはんを買う場所ととらえている人が多いでしょう。確かに、それは大きな価値ですから、企業広告をつくるうえで、そこに立脚するという選択肢もありました。ですが僕たちは、そうはしませんでした。それは、なぜか。ほっともっとの価値は、そこでごはんが炊かれている点にあると考えたからです。セントラルキッチンでつくられたものが並ぶコンビニと違い、目の前で、家庭の台所と同じことが行われている。その点に着目したのです。そして、先のキャッチコピーとあわせて、つぎのようなボディコピーを書きました。

食事をする時、人は幸せでいてほしい。私たちは、心からそう考えています。ひとりの時も。あわただしく食べる時も。仕事をたっぷりかかえている時も。もちろん大好きな人と一緒にいる時も。だって、食べることは、人が生きてゆくためにいちばん大切なことなのですから。

私たちが、創業以来、お弁当のあたたかさにこだわってきたのはそのためです。お米のおいしさにこだわってきたのも、その土地その土地の新鮮な食材にこだわってきたのも、そのためなのです。

お店でごはんを炊く時、ふと、こんなにうれしい仕事はないのではないか。そう思うことがあります。私たちのやっていることは、ずっと昔から、この日本のすべての家庭でくり返されてきた風景と同じだからです。愛する人がいて、その人を想いながら、その人の目の前でつくり、それをあたたかいまま差し出す。毎日をいっしょうけんめい生きている家族の、そのもっとも基本になる姿が、そのまま、私たちの仕事の中にある。そう思えてならないのです。
日本はこれからますます忙しくなります。少人数家庭もふえることでしょう。
お弁当が活躍するシーンはどんどんふえると思うのです。
お弁当ががんばれば、日本はもっとあたたかくなる。
私たち「ほっともっと」にご期待ください。

ご覧のように「ど真ん中の価値」をボディコピーでもしっかりと語っているのですが、中でも注目していただきたいのは、後ろから四行目にある「日本はこれからますます忙しくなります。」というくだりです。先述した時代性を内包していることに、お気づきいただけたでしょうか。そう、お店でごはんを炊いている、その事実を「ど真ん中の価値」としたのは、核家族化がすすみ、共働き夫婦が増えた日本の現状を見据えたうえでの判断なのです。このように考える過程において、その企業なり商品なりが置かれている状況にもしっかりと目を向ける。トレンドやブームといった表層的なものに翻弄されることなく、より深く探究するなかで、時代性をも包みこむ表現を模索する。それが、「ど真ん中の価値」を探ることの意義とも言えるのです。僕にこのことを教えてくれたのは、岩崎さんのつぎの言葉でした。

本質は、いつだって新しい。

「ど真ん中の価値」はぶれない。普遍的な強さをもって、時代さえも内包する力がある、そう教えてくれました。岩崎さんという人は、本当にいいことを言うなあとつくづく思ったものです。

いかがでしょう。「ど真ん中の価値」を探す意義を感じてもらえたでしょうか。もちろん、口で言うほど容易なことではありません。けれど結果ではなく、日常において「モノ」や「コト」の本質を見極め、ブラさず伝える努力を重ねることが、心を動かす言葉をつくる本当の近道だと信じています。

ビジネスで、プライベートで、ぜひ、みなさんも「本質」を射貫く鍛錬を重ねてみてください。コミュニケーションの質が変わると思いますよ。

自分にしつこく取材する

「ど真ん中の価値」について多少なりともイメージはついたでしょうか。この節では、それをどのように見いだすか。実践的な方法論をご紹介しましょう。

僕がなにより大切にしているのは、「自分に取材をする」こと。広告をつくるときには、たいてい買い手の声や、商品が置かれている状況を調査したデータをもらうのですが、それを鵜呑みにすることはありません。むしろ、疑ってかかる。なぜなら、アンケートの回答にある声の多くが、「ふだん思っていること」ではなく、「ちょっとキレイごと」だからです。本音を即座に答えるのって、けっこう難しい。しかも、調査という名目で質問されたのならなおさらで、人はつい、小さなウソをついてしまうものなのです。個人単位で見たらささやかなウソでも、それが世の中の声として集められたら、どれだけ大きなウソとなっているかわからない。だから僕は、いわゆるマーケティングデータは参考程度にして、買い手のひとりとも言える自分に取材をするのです。

ただ、この方法にも技術が必要です。素の自分をつかまえて対話しないと、自分でさえも小さなウソをつく。キレイごとが無自覚に浮かぶし、深く考えず一般論に終始することもあるので、たてまえを丁寧にはがしながら、本音をあぶりだす必要があります。人に言えない恥ずかしい思い。弱くて、情けない思い。人間くさい、そうした感情のすべてと向き合い、ひも解いていくのです。取材というより、取り調べと言ったほうが近いかもしれませんね。そうやって見いだした、自分の本音。それをたよりに「ど真ん中の価値」を探りあてていくからこそ、リアルで、人の心を動かす言葉を生み出すことができるのだと思うのです。

さて、ここまでご説明して、あなたの中には釈然としない思いが浮かんでいませんか。自分に取材をすると言われても、知識や経験のないものに関しては答えようがない。そんな疑問です。もっともなご指摘ですが、問題はありません。たとえばあなたが男性で、化粧品の企画書を書くことになったとしましょう。化粧はしないから、資料や、まわりの女性に意見を求めたくなりますよね。ですが、さきほどお伝えしたように本音で答えてくれる確証はありません。それをとことん見極めるのもひとつの手だと思いますが、それをするにしてもまずは自分に取材してほしいのです。コツはあなたと女性の気持ちを重ねること。化粧そのものは理解できなくても、その根底にある人に好印象を与えたいという気持ちや、外見を整えることで高揚する感覚、さらにいえば変身願望みたいなものは理解できるのではないでしょうか。その共感の接点にこそ、人の心を動かす本音があります。「化粧をする」という行為は表面的な事象でしかなく、その動機を探っていくと人間の根源的欲求にたどりつく。そこに立脚することで、対象と自分とのあいだに距離があっても、「ど真ん中の価値」へとつながる言葉を見いだすことができるのです。しかも相手が自分となれば、時間や場所、コストの心配もいりません。いつでも、納得するまで実施できる。まさに、いいことづくめ。ぜひ試してほしいと思います。

では最後に、僕が自分に取材をしたコピーをひとつご紹介しましょう。

美女と新車。

のりたくて、のれないものでいっぱいだ。

「大人たばこ養成講座」のひとつ、「モーターショーでのお作法。」のために書いたコピーです。みんな、このふたつを手にいれようともがくんだよな、という僕なりの実感にもとづいています。一部の男性諸君からは、かなりの反響があったのですが……うーん、まだまだですね。

いいアイデアの下にもっといいアイデアがある

僕なりのコピー作法の基本というものがあるとすれば、それは「ど真ん中の価値を探すこと」と、「自分にしつこく取材をすること」、そしてもうひとつ、これからご説明する「一〇〇案書くこと」の三つだと言えます。

なぜ一〇〇案も書かなければいけないのでしょうか。

いいアイデアを考えるためには、できるだけ深く考えることが大切です。そのことにはみなさんも納得していただけると思いますが、もうひとつ意識して欲しいのが、これ。

深く掘るには、広く掘らなければいけない。

ということなのです。砂浜や砂場で穴掘りをした人ならわかると思うのですが、周りをそれ相応に広げなくては深く掘り進めることはできません。

考えるという行為も似たようなもので、どんどん発想を広げていかないと、考えは深くならない。

それからもうひとつ、なぜたくさん考えなくてはいけないのかと言うと、言葉には正解がないからです。強いて言えば、商品がたくさん売れたとか、多くの人に知ってもらえたとか、そういうものが正解だと言えるかもしれません。でもそれは結果論にすぎません。事前に効果がわからない以上、あらゆる可能性を考え、ひとつひとつ検討をしていくしかない。おそらくそれが正解に近づくための、たったひとつの道だと僕は思います。

もしかすると、いいアイデアを思いついたらそれでいいじゃないか、それ以上考えるのは時間のムダではないか、そう思う人もいるかもしれません。

そういう考えもあるでしょう。でも、それはとてももったいない。固い岩盤をがんばって掘り進めて、ようやく掘り当てたお宝ですから、すべてを掘り尽くさない手はありません。

また、たくさん書き出すことは、自分に取材をすることと密接に関係しています。自分に問いかけて、浮かんできた言葉を書き出す。そしてその言葉を見て、ふたたび自分に問いかける。それをひたすらくり返していると、自分自身に取材をしているのに、自分でも思ってもみなかったアイデアが出てきて思わずハッとすることがある。書き出す、見つめる、それをつづける。それは自分への取材でもあり、「他人のような自分」との綿密な打ち合わせでもあるのです。書くときは、「めちゃぶつけ」でかまいません。ひたすら思いつくままにメモしていると、自分の頭の中にある発想がほぼ可視化されます。そしてそのメモ書きを眺めていると、無数の言葉がマップのように見えてきて考えるべきことの中心がおぼろげに見えてくる。そんなことだってあるのです。

そして、この節の最後に、ひとつだけ言わせてください。これは人から聞いた言葉なのですが、とても好きな言葉なので紹介します。

最後には、たくさん書いた人が勝つ。

一回いっかいの取り組みに対してもそうですが、それがやがて個人の大きな差になっていく。僕自身、怠けそうになったときに、この言葉を思い出すようにしています。周りを見ても、結果を出している人たちは、この言葉がやはり当てはまるような気もします。ですからみなさんも、とことん考えてほしい。それ以上の近道はありませんから。

日本に足りない言葉はほめ言葉

僕がつねづね感じているのは、「ほめる」ことの大切さです。思えばあらゆる広告は、その企業や商品、サービスなど、必ず何かをほめていると言えます。ですから僕らコピーライターは、誰よりもほめることの大切さと、その力を知っています。
それではひとつ、わかりやすくほめている広告の代表例をご紹介します。

ニッポンをほめよう。

一九九九年、六〇の企業が共同で出した連合広告で、コピーライターは谷山雅計さんです。当時、長引く不況で日本全体が自信や元気をなくしていたころ、この広告がたくさんの人の心を動かし、がんばろうという気持ちにさせてくれたのを覚えています。

世の中には、ほめられて伸びるタイプの人がいます（僕です）。でもよくよく考えれば、それは一部の人に限った話ではなく、すべての人がほめられて伸びるタイプなのではないでしょうか。ほめられてイヤな気分になる人なんてそうそういないと思います。

僕は以前、ミレニアムリテイリング（現そごう・西武）の父の日キャンペーンでこんなコピーを書きました。

父さんだって、ほめれば育つ。

いちばんがんばっているはずなのに、いちばんほめられていない人。それどころか、家族から煙たがられたり、嫌われたり、そんな日本のお父さんは少なくないと思います。でもそんな父さんたちだって、ほめれば伸びる。その可能性には子どもも大人もないはずです。

ただ、あなたが石田純一さんのようなプレイボーイでもない限り、初対面の相手にいきなりほめ言葉を連発するなんてことはなかなかできないでしょう。逆に親しい間柄だと、改めてほめるとなると妙に照れくさい。僕もそうですが、日本人は、基本的に人をほめることがあまり上手じゃない。もちろん上手な人もいるにはいますが、その割り合いは圧倒的に低いはずです。

ですからこの節で僕が声を大にして言いたいのは、みなさんもっとほめて、ほめて、ほめまくりましょう、ということです。そうは言っても心にもないことばかりほめまくっても、ただの軽薄な人だと思われる可能性もありますから、それなりの注意は必要です。ほめるために必要なこと。それは、まず相手をちゃんと見つめて、その人のことに詳しくなって、その人を好きになること、そして相手の立場に立って考えてみることです。そうすると、表面的ではない、相手がくすぐったくなるようなほめ言葉が自然と見つかるようになるはずです。

ここまで読み進めていただいたみなさんは、たぶん気づいていると思いますが、そうです、これはキャッチコピーをつくる際の発想と極めて近いのです。つまり、ほめ言葉とは、相手に対してほんの小さなキャッチコピーを贈ることなのです。

仕事でも、プライベートでも、ほめる言葉がもっとたくさん行き交えば、この国はもっと楽しく、もっと陽気になると思います。

最後まで読みたくなる文章の考え方

さて、みなさんはメールやレポートなどで、長文を書く機会はあるでしょうか。僕たちコピーライターにとっては、ボディコピーが長文にあたるのですが、これがなかなか難しい。ビギナーズラックも起こりうるキャッチコピーと違い、ボディコピーにまぐれあたりはありません。確かな技術が必要で、力量の差が色濃く出てしまうのがボディコピーです。

ちなみに僕の場合、師匠である岩崎さんからはじめて及第点をもらうまで一〇年もかかりました（マジです）。たった一本のボディコピーを書きあげるのに、一週間かかったこともあります（それでも採用されませんでした）。いまだに長文のボディコピーには身構える思いがあり、だから本書を書くのにも、なかなか苦労をしています。

でも、それだけ苦戦したからこそ、自分なりにうまく書くやり方もちょっとだけ身につけました。それは広告だけじゃなく、広くメールやレポートの作成にも使えると思うので、さっそくご紹介しましょう。

まず、「おまんじゅう」を頭に浮かべてください。中心においしい「あんこ」があり（僕の場合、つぶあんです）、それを柔らかな「皮」が包んでいます。想像するだけで幸せな気分になりそうですが、じつは、長い文章を書くときは、この「おまんじゅう」の構造に当てはめて考えるとスムーズに書き進めることができます。いちばん伝えたい内容が「あんこ」であり、書き出しと終わりを「皮」と考えるのです。

では、さっそく「おまんじゅう」づくりに取りかかりましょう。最初にやるべきことは「あんこ」を探すことです。「メールやレポートを書く目的は何だっけ？」と整理し、大切なことを箇条書きにしていきます。そのうえで優先順位をつけたり、内容が重複する部分はひとつにまとめたりします。それができたら清書をし、もらった相手になったつもりで読み直してみましょう。不快になる要素はないか、書き手のひとりよがりな部分はないか、たとえば並び順や言葉選びを変えることで、もっとわかりやすくならないか、などなど冷静な目でチェックします。

「よし、ＯＫ」となったら、こんどは「皮」に着手します。最も大切なのは、冒頭のフレーズ。ここがおいしそうでなければ、その先には進んでくれません。なので、読みたくなるような配慮をほどこしましょう。いきなり難しい熟語を使って読み手の思考を止めるのは避けたいですし、いたずらに長い書き出しで勢いをそぐのもおすすめできません。ひと呼吸で読める長さで、誰が読んでも馴染みのある言葉で構成するのが基本です。「自分なら読みたくなるかな？」と自問しながら、いろいろな切り口を探してみるのもおもしろいでしょう。ちなみにコピーライターは、広告でいちばん目立つキャッチコピーと同じくらいの熱量で冒頭のフレーズを考えます。つまり、それだけ大切な要素なのです。

つぎに最後のフレーズを考えましょう。伝えたいことは箇条書きでおさえているので、この部分がなくても意味は伝わります。でもここは、読後感を左右する大切なパーツ。最後まで読んでよかったと思ってもらえる印象的なフレーズを探しましょう。僕が好きなのは、これからの目標や、未来への決意を入れるスタイルです。思わず襟《えり》を正したくなるような清々しさとともに、いつまでも余韻が残る。そんなフレーズにしたくて、最後まで気を抜かずに何度も書き直しながら、完成させます。

中身、冒頭、文末までできたら、あと少しです。いま、全体的に切り貼り状態になっていると思うので、自然な流れが生まれるように、接続詞を入れてセンテンスの関係性をはっきりさせたり、語尾を整えてリズムをつけたりしていきます。語尾には「です・ます調」「だ・である調」がありますが、やさしい人になりたいか、力強い人になりたいかで考えると決めやすいでしょう。ここまできたら、試しに読みあげてみましょう。長くて息切れする、漢字がつづいて読みづらい、本来の意味とは違ったニュアンスで伝わりそう、そんな箇所はありませんか？「おまんじゅう」を成形するように、歪みをなくし、キレイにならしていきましょう。これでおいしい「おまんじゅう」のように魅力的な長文のできあがりです。

さきほど長い文章は難しいとお話ししましたが、一方で、練習を重ねるほど上達するおもしろさがあります。ですからぜひ、シンプルで使いやすい「おまんじゅう」方式を、まずはしっかり身につけて欲しいと思います。

では、最後に岩崎さんの書いた、全日空のボディコピーをご紹介します。「おまんじゅう」構造がどのようになっているかに注目しながら、読み進んでいただければと思います。

たった2機のヘリコプターからの出発。
純民間航空会社としてのそのささやかなスタートに比べ、
私たちの胸は、なんと大きな夢を抱えていたことでしょう。
いつか、いっぱいのお客さまを乗せてこの空を飛びたい。
この空を飛んで、世界中の人と人を、仕事と仕事を結びつけたい。
そんな想いで、この58年間ひたむきに走ってきました。
もちろん、平坦な道ばかりではなかった。さまざまな辛苦に出会い、
存亡の危機さえ味わいました。でも、そのたび私たちを支えたのは、
あの日に私たちの胸に燃えさかった夢の熱さであり、
何よりも私たちを応援してくださった多くのお客さまでした。

きたえた翼は、強い。その想いこそ、私たちのタカラモノ。
10月31日、羽田空港からの国際線は、9路線に拡大され、いっそう充実します。

たった2機のヘリコプターからの出発。

純民間航空会社としてのそのささやかなスタートに比べ、
私たちの胸は、なんと大きな夢を抱えていたことでしょう。

いつか、いっぱいのお客さまを乗せてこの空を飛びたい。

この空を飛んで、世界中の人と人を、仕事と仕事を結びつけたい。

そんな想いで、この58年間ひたむきに走ってきました。

もちろん、平坦な道ばかりではなかった。さまざまな辛苦に出会い、
存亡の危機さえ味わいました。でも、そのたび私たちを支えたのは、
あの日に私たちの胸に燃えさかった夢の熱さであり、
何よりも私たちを応援してくださった多くのお客さまでした。

きたえた翼は、強い。その想いこそ、私たちのタカラモノ。

10月31日、羽田空港からの国際線は、9路線に拡大され、いっそう充実します。

そして2011年、開発から携わった最新鋭機ボーイング787を、世界で初めて導入。

安全性、快適性、環境性の向上を、さらに推し進めます。

この厳しい時代に、それでも胸を張り立ち向かうあなたの、
いっそうたのもしい味方になれることを、私たちは心から願っているのです。

空には、夢にとどく道がある。

これからも、創業時の、あの若い志を胸に飛びつづける、私たちANAです。

きたえた翼は、強い。

10月31日、羽田空港から国際線、9路線へ拡大。

2011年、開発から携わった最新鋭機ボーイング787を、世界で最初に導入。

ANA

全日本空輸　岩崎俊一　2011年

そして2011年、開発から携わった最新鋭機ボーイング787を、世界で初めて導入。

安全性、快適性、環境性の向上を、さらに推し進めます。

この厳しい時代に、それでも胸を張り立ち向かうあなたの、
いっそうたのもしい味方になれることを、私たちは心から願っているのです。

空には、夢にとどく道がある。

これからも、創業時の、あの若い志を胸に飛びつづける、私たちANAです。


きたえた翼は、強い。

どうですか。おわかりいただけましたか。このボディコピーの「あんこ」は「10月31日〜」のくだりです。それほど単純な構造ではありませんが、それでもやはり、いちばん伝えたいことを中に入れ、周りを「おいしい皮」で包んでいます。

名前は最初に出会うキャッチコピー

新しい商品やサービス、もしくはプロジェクトの名前をつくる。広告業界で「ネーミング」と呼ばれる仕事ですが、これはあなたにとっても比較的身近なシチュエーションではないでしょうか。

言葉のプロである僕たちにとっても、ネーミングはプレッシャーが大きい仕事。何年も使ってもらうものですし、何よりも、買い手が最初に見る言葉ですから、購買意欲にも影響します。はたす責任がとてつもなく大きいのです。

そのためネーミングをするときには、そのアイデアの束が辞書を超えるくらい分厚くなることもあります。まず、そこにどんな意味を込めるか。企業理念、商品価値、他社にない特徴、買い手の気持ち、あらゆる方向に考えを広げていきます。ここで小さくまとまってしまうと発想も広がりませんので、大風呂敷を広げるつもりで大胆にいきます。方向が出そろったところで、それぞれネーミングコピーを考えます。これは脈がありそうだなと感じるものは、そこからさらに深く掘る。お宝が眠る鉱山に足を踏み入れるように、期待とともに掘り進んでいきます。そこでピカピカと輝くコピーを発掘しても、探究の手は休めません。覚えやすさや、口にしやすさ、人に言いたくなるおもしろさがあるかなどを検証する。もちろん、意味がわかるかどうかや、誰かを傷つける要素がないかもチェックします。そして何より、売れそうかどうか実際の売り場などをイメージしながら考えてみる。買い物をするときの「ふだんのオレ」になって判断したりするのです。

それではここで、いくつか先達によるネーミングの名作を見てみましょう。

お～いお茶（伊藤園）

言うまでもない、伊藤園のお茶です。じつは、このCMを放映していたときは、「缶入り煎茶」という商品名だったのですが、出演していた俳優の島田正吾さんが「お～いお茶」と発するシチュエーションがお茶の間でたいへんな話題となりました。そこで伊藤園は、商品名を「お～いお茶」に変更したのです。あとは、あなたもご存知の通り。商品は大ブレイクし、飲料の定番として何年も愛飲されるようになったのです。

では、同じく商品名を変えたことで支持された事例をふたつ、ご紹介しましょう。

通勤快足（レナウン）

足の臭いを軽減する靴下の商品名です。もともとは「フレッシュライフ」という商品名だったそうですが、このころはまったく売れなかったといいます。それを思い切って変えたところ、にわかに大ヒットとなりました。言うまでもありませんが、通勤電車の「快速」と「快足」をかけています。ターゲットである企業勤めのおじさんたちの日常が目に浮かぶような見事なネーミングです。

つぎは、こちら。

鼻セレブ（ネピア）

ちょっと記憶があいまいですが、はじめて目にしたのは何年か前の春先だったと思います。僕は花粉症ではありませんが、周囲にはトナカイのような赤い鼻をした人がたくさんいました。みんな、鼻ごと取りかえたいと思っていたに違いありません。そこに「鼻セレブ」です。高級なティッシュであることをアピールすることで、使う人に優越感を感じさせる工夫がされています。もちろん商品の売れ行きは伸びました。もともとの「モイスチャー」だったら、こうはいかなかったはずです。

つぎに、商品の機能性をうたいあげた例をご紹介しましょう。

からまん棒（日立製作所）

これが、家電業界伝説のネーミングです。作者は岩永嘉弘さん。いままでは洗濯機はドラム式が多く、ピンとこない人も多いと思いますが、一九八二年当時は洗っているうちに洗濯物がからまってしまうという難点がありました。そこに登場したのがこの商品。真ん中に棒を置いた構造で、洗濯物がからみづらいという画期的な商品を画期的なネーミングで大ヒットさせました。新規性だけでなく、そこから生まれる「はずむような気持ち」まで内包しているネーミングです。

「からまん棒」のように、機能性に立脚したネーミングとして秀逸だなぁと感じるのは、小林製薬の商品です。「トイレその後に」「熱さまシート」のように、使用目的や効能を端的に伝えながら、買い手の記憶に残る不思議なインパクトがある。どなたが考えているのかわかりませんが、印象的な商品名を数多く世に送り出しているこの会社は、僕にはネーミングの精鋭集団と映るのです。

最後にもうひとつご紹介しましょう。

じっくりコトコト煮込んだスープ（ポッカ）

ネーミングというと、伝わりやすく、覚えやすいという理由から、情報を集約して短く仕立てるのがいいと思われがちです。けれどこの商品名は、その裏をかいています。情報を切り捨てることよりも、シズル感を大切にすることで競合商品との差別化をはかったのです。販売棚でいかに目を引くかを考えたうえでの戦略でしょう。僕自身、長いネーミングだなぁと感じながら、強く印象に残っている商品です。

ここにあげさせていただいたネーミングコピーは、いずれも常識にとらわれず、とても自由な発想で生まれたコピーばかりです。

みなさんも、ネーミングや、それに近い仕事を請け負ったときは、こうでなくてはいけない、というイメージにあまりとらわれずに「やわらかあたま」で発想するのが大切なことだと言えます。

紋切り型は元最強の文章だ

第三章で紹介した「シズル表現」と同じく、一瞬でイメージを喚起するフレーズがあります。いわゆる紋切り型と呼ばれるフレーズです。たとえば「抜けるような青空」と聞けば、雲ひとつない空が浮かびますよね。「黒山の人だかり」と聞けば、たくさんの人がぎゅうぎゅうづめになっている様子が瞬時に浮かびます。

でも「シズル表現」とは反対に、紋切り型のフレーズは広告コピーでは使わないほうがいいと言われます。それらの言葉はオリジナリティがない、つまらない、とされているのです。たしかに「絶世の美女に、僕の目は釘づけになった」と書いたらどうでしょう。安易、凡庸《ぼんよう》、と言われても仕方がありませんね。

でも僕は、世の中で言われるほど紋切り型のフレーズはわるいもんじゃないと思います。だって、そこにいたるまで多くの人に支持され、愛用されてきた言葉ですから。本で言えば、何度も版を重ねた大ベストセラー、不朽の名作です。ただみんなが使いすぎて、少し飽きられてしまっただけ。そんな不遇なフレーズなのだと思います。

だから、僕はあえて紋切り型を使うこともあります。たとえば、「目が三角になる」や「ほっぺが落ちる」は使いたいとは思いませんが、「胸を焦がす」とか「滝のような汗」とか、そのレベルの紋切り型なら、今後使うことがあるかもしれません。

ただ、使うからには計算も大事です。うっすらと積もったホコリをはらい、ちょっと違ったかたちで使ってみる。紋切り型のフレーズがもつ普遍性や共感性、口馴染みのよさを計算に入れながら、新鮮なかたちで取り入れるのです。

そのすばらしいお手本として、つぎのコピーをご紹介しましょう。

ナイフのような、ナイーブ。(一九八六年/伊勢丹/眞木準)

「ナイフのような」ときたら、ふつうは「ナイフのような人」や「ナイフのような性格」というように、頭の切れや、冷静さ、攻撃性を表すときに使われます。それを真逆とも言える「ナイーブ」という言葉と組み合わせているのです。このギャップが、繊細であるがゆえに、攻撃的になってしまう、複雑で、ドラマ性をまとった人物像を際立たせています。ダジャレの技法もそこはかとなく使われている高度なコピーです。

もうひとつ、ご紹介しましょう。

燃えるような唇。（一九七二年／伊勢丹／平尾道平）

燃える、唇。これは、ただごとではありません。「燃えるような」とくれば、ほとんどの人が「恋」という言葉を思い浮かべます。それを少しずらして「唇」とした。紋切り型を連想しながら読んでいた人は、そのずらしによって、「赤い唇」と書かれるよりも鮮やかな、さらにエロチックな赤を連想してしまうのです。

いかがでしょう。とても、魅力的ではありませんか。ほかにも、紋切り型で固めた文章に、一文だけ本音を入れてドキリとさせたり、その安定感を利用して、定型文を書く時間を節約したり、使い方はきっとたくさんあると思います。効果的な使い方を、僕も探していくつもりです。

言葉を盗もう

言葉に関して言えば、迷わずに盗んだほうがいい。そう話すと「コピーライターのようなクリエイターは、独創性にこだわるものではないんですか」と聞かれることがありますが、僕はそこに固執しません。受け手としての自分が心を引かれたものは、ほかの人の心も動かす力が大いにある。そう信じて、どんどん参考にしますし、ときには積極的にまねすることもあります。

そもそも人間はひとりでは生きられないもので、僕たちはいつも誰かの影響を受けています。同じように、まったくオリジナルなクリエイションといっても、そこには何かの影響が必ず入っている。みんなこれまで見たもの、聞いたものを無意識に編集している。それはもともと誰かが発信したものだから、完全なオリジナルとは言えないと思うのです。それならば、意識的に取り入れたほうがいい。「あ、このフレーズ、こんど企画書に使ってみようかな」とか「メールの文末を、この表現で締めたら印象的だな」といった具合に。とはいえ、たとえば仲間の企画書をそのまま使うといったことはおすすめしません。そこに、「あなた」は込められていませんよね。誰がつくっても同じものを、あなたがつくる意味はないと思うのです。盗《い》むときは、どんなものでも自分なりに咀嚼《そしゃく》し、発想の源泉はどこにあるのか、なぜ自分が引かれるのかを考えてみることが最低の礼儀です。そのプロセスを踏むと、おのずとパクリにはならず、自分のものとして使いこなせるようになります。

同時にそれは、慎重さにもつながります。言葉や表現の中には、人を傷つけるものもある。考えなしにまねした言葉が凶器となって、誰かを傷つけてしまう可能性だってある。その危険は、自己責任として回避しなければいけません。だからこそ、自分なりの咀嚼が必要なのです。

表現を盗《い》む対象はたくさんありますが、ひとつ僕の例をご紹介しましょう。仕事をするうえで積極的に盗むものとして、クライアントの言葉があります。創業者や会長、社長、責任者といった人はもちろんですが、キャリアの浅い人や、取材先で出会った人の発言にも耳を傾けます。彼らが共通して口にすることは、クライアントの文化や価値観、商品やサービスの本質を知る手がかりとなるからです。

プロジェクトのタイトルに使ったり、プレゼンテーションで共感を育《はぐく》むために引用したりと、使い道はさまざま。ときには、そのまま広告コピーに使うこともあります。そこにはその会社「らしさ」が詰まっているため、競合他社との差別化につながることもあるからです。言い方を変えれば、どこにでも使える言葉ではなく、クライアントが育んできた血の通った言葉だからこそ、読み手を強く引きつける表現になるということです。あなたにも思い当たりませんか。機能的には同じでも、つい、このメーカーの商品を選んでしまう。そんな購買動機を生む要素のひとつが、「らしさ」なのです。

あなたも、大いに盗んでください。取引先や上司の言葉をプレゼンテーションでの説得材料にする。好きな本の一節を、デートのお誘いで引用する。きっと相手の心を動かすアプローチにつながります。一見いけないことのように感じる、「盗む」という行為ですが、これも立派なクリエイティブの第一歩だと僕は思うのです。

文章を寝かせて自分も寝よう

僕は、若手のコピーライターや、コピーライター志望の人、そして純粋に文章を上達させたいという人たちを対象に、コピー講座の講師を務めたりもしています。そのため、コピーライターとして一人前になりたいという熱心な人たちのコピーにアドバイスをすることもあるのですが、そのときいつも感じることがあります。「大丈夫かな、寝ているかな」と、ちょっと心配になるのです。なぜそう感じるのかと言えば、コピーを寝かせている気配がないから。

そういうコピーは、読んでいるこちらが辛くなります。多少見た目は整っていても、練り込まれていないアイデアや文章には、その気配が色濃く漂っているものです。展開に無理がある箇所もあれば、客観性が欠けていて、ひとりよがりの表現もある。意味がまったく伝わらないときもあります。それは書き手がふざけているのではなく、真剣なあまり視野が狭くなっていることが多いのです。おそらくは睡眠時間を削って、締め切りギリギリまで書いていたのでしょう。

僕の師匠である岩崎さんは、とても厳しい人でした。妥協はいっさいなく、僕はコピーに及第点をもらうまで、ひたすら考えなければならなかった。でも、そんな岩崎さんが、いつも言っていたのです。「眠いときは寝ろ」って。だから僕は、自分のデスクでよく寝ていました。徹夜明けでやむをえずというわけではなく、日差しが気持ちよいときや、お腹いっぱいのとき、締め切りが迫ってハラハラしているときでさえ寝ていました。それでよく仕事が回ったなぁと、我ながら感心します。

自分が寝れば、コピーも寝かせることができる。そう気づいたのは最近のことですが、自分とコピーを寝かせた後は、ちょっとだけ第三者の目でチェックできるようになります。書きあげた瞬間には最高の仕上がりと思えたものが、改めて読んで見るとぜんぜんおもしろくない。おもしろくないばかりか、さまざまな根本的な間違いに気づくことさえあります。

そんなこんなで、結局もういちど考え直すわけですが、不思議なことに、最初に考えたときとは格段にスピードが違うのです。アイデアも、それなりに自然と湧いてくる。後から知ったことですが、人間の脳というのは、眠っているあいだに整理をしているのだそうです。考えたことや、覚えたこと、やらなければならないことを、休んでいるあいだにせっせと脳が整理してくれる。だから、すっとよいアイデアへとたどりつくことができるのです。眠っているあいだに小人たちが仕事をしてくれるという物語は、ファンタジーの世界の話ではなく、ある意味本当のことなんですね。

人の心を動かす言葉をつくるには、いったん寝かす。長い文章であればあるほど、じっくり熟成させるのがコツだと思います。もちろん僕も、本書の初稿を書きあげたときには、それはもうぐっすりと寝ました。そうして生まれたこの文章が、ほんのちょっとでも、あなたの心を動かす内容になっているとよいのですが。

日本語の力をあなたの力に

日本語は本当に奥が深い。毎日言葉を考えていると、つくづくそう感じます。繊細で、多彩で、おもしろい。四季があることや、島国という閉じられた世界で精神文化が発達したため、形容詞の数は世界でいちばん多いそうです。言い回しもたくさんありますよね。

たとえば「行く」ひとつとっても、「登校する」「出社する」と言えば目的の違いを表せるし、「伺う」「参る」と使いわければ関係性、「出かける」「遠出する」なら距離や期間を伝えられる。短い言葉に、多くの情報を内包する豊かさがあるのです。

このすばらしさを実感しているからこそ、というと大げさですが、僕はクライアントに求められない限り英語を使ってコピーを書くことはほぼありません。自分が英語を使いこなせないというのもありますが、英語でカッコよく表現することよりも、日本語で正確に、ていねいに、そして何より実感できる表現にすることのほうが好きだからです。そしてそのほうが、ぜったいにカッコいいと思っているからです。

とはいえ、英語を否定しているわけではありません。たとえば、英語の伝わらなさを逆手に取るという手法もあります。クライアントの意向で、たくさんの情報を広告に網羅する必要があるときに、いちばんに伝えたい情報を日本語、優先順位の低い情報を英語にするといった整理の仕方をする。それは、母国語である日本語のほうがより強く伝わるからです。すべての情報を同じトーンで伝えると、どれも届かないかもしれない。だから、いずれかを英語にしてメリハリをつけるのです。

そして、クライアントの状況によっては、英語のほうがむしろ都合がいいこともあります。たとえば、つぎのふたつなどは、そのいい例でしょう。

The Power of Dreams（本田技研工業）
make.believe（ソニー）

ふたつともスローガンと呼ばれる言葉で、企業風土、理念やスタンス、ビジョンを表現する役割を担っています。どちらの企業も海外進出をはたし、世界に向けたビジネスを展開しているため、広く世界にその意志を伝える必要性があるのです。

このように、英語がもはや必然として使われるケースもあります。だから日本語に固執するのはナンセンスです。ただ、英語がビジネスに欠かせない言語とされ、多くの人が日本語よりも英語を学ぶことに意識を傾けているいま、その中で失われていくものもなんだかあるような気がしてならないのです。僕たち日本人の感性は、日本語の豊かさとともにある。日本語がもつ繊細さや奥深さ、その多様性に目を向ければ、もっと豊かでおもしろい表現ができるのだと思うのです。これまでにもお伝えしてきましたが、広告コピーは言葉の宝庫。日本語のスゴい力を知るうえで最高の手引きとなるでしょう。できれば学校の授業でも、コピーライティングの授業を導入して欲しいくらいです。

動かす言葉も見た目が9割

人の心を動かす言葉の発想法について、いろいろご紹介してきました。ここでは、内容や表現方法とは異なる観点で考えてみたいと思います。

言葉の「見た目」について、意識したことはありますか？　たとえば、プレゼンや会議などに使われる資料。僕も打ち合わせのときにもらうことがありますが、内容はすばらしいのに、なぜか眠気を誘うものがあります。ひどいときは、頭痛がしてくる。一枚のシートに文字がぎっちり、隙間にも図や写真が詰め込まれたてんこ盛り状態に、僕の脳が拒否反応を起こすようです。内容の問題ではないだけに、本当にもったいないなぁと思います。

僕たちコピーライターは、言葉を考えるのが仕事です。でも、そのとき言葉だけを切り取って考えるわけではありません。同じ言葉でも、見た目で意味や印象が大きく変わることを知っているので、書体や文字の大きさ、配置のバランス、文字や行の間隔、色などにも気を配ります。とくに、書体。明朝体を使うかゴシック体を使うかで、まったく違うトーンになるので、これぱかりはデザイナーさん任せとはいきません（おそるおそる意見したりします）。

では実際に、比べてみましょう。

あなた、おかえりなさい

あなた、おかえりなさい

右が明朝体で、左がゴシック体。同じ言葉なのに、右は色っぽい奥さまがエプロン姿でお出迎えしてくれた感じがします。では、左はどうでしょう。こちらはちょっと強い奥さま。野太い雰囲気すらある。比べるとわかるのですが、明朝体は柔らかで繊細、人間ならば女性的な印象です。ゴシック体は、力強く、男性的な印象がある。この性質をもとに、ふさわしい書体を選ぶことが、言葉や表現の印象を深める効果につながります。

ほかにも日本語には、ひらがな、カタカナ、漢字があります。それらを使いわけることで、意味合いが変わるおもしろさがあります。

この表記の違いを効果的に使ったコピーをご紹介しましょう。

私はワタシと旅にでる。

スタジオジブリの映画『おもひでぽろぽろ』のキャッチコピー（一九九一年／糸井重里）ですが、漢字とカタカナの使いわけで大人になった自分と、思い出の中にある子どもの自分を表現しています。

この例に限らず、コピーライターは、一般的には漢字が使われる言葉を、ひらがなやカタカナで表記することで、意図的に別の意味を呼び込むことがあるのです。

あなたがつくった文書はいかがでしょう。情報がてんこ盛りで読みづらくないでしょうか。めちゃくちゃダサい書体を使ったりしていませんか。企画書のタイトルに影をつけたり、長体をかけたり、かえって読みづらくしていませんか。気持ちを込めて書いた言葉や文章だからこそ中身と照らし合わせて見た目を整え、人の心を動かす印象的な仕立てにしましょう。

一緒に考える一緒に書く

みなさん、アイデアや文章はひとりで考えるものだと思い込んでいませんか。広告業界でもコピーは、ライターがひとりで考えるものと、なんとなくされてきました。ですが、僕の場合は違っていました。師匠である岩崎さんが「一緒に考える」というスタイルを採用してくれていたからです。岩崎さんには昔から、ある持論がありました。

ひとりは、間違える。

そう言って、自分の仕事のコピー開発を一緒にさせてくれました。一緒と言っても、席を並べて、うんうん考えるわけではありません。それぞれが考えたものをもち寄り、共有し、その中から使えるものを選んだり、それぞれのアイデアに磨きをかけたり、その場にない方向性を探ったり。そういうことをただひたすらくり返し行うのです。お互いに刺激を与えることで、ひとりではたどり着かないアイデアが生まれる可能性が高くなります。しかもそれを短時間で効率的に行うこともできます

メリットは、それだけではありません。課題に対し、真剣に考えた者同士が意見を交わすのですから、ときには衝突も起こります。これがじつは、何よりも大切なのかもしれません。理解できないこと、理解できても納得できないことを、遠慮せずとことん話し合う。そうすることで、より強いクリエイティブへと磨きがかかるだけでなく、ひとりではたどり着けない新しい場所へと発想を広げられるのです。

このとき大切なのは、一緒に考える相手です。誰でもいいかと言えば、もちろんそういうわけにはいきません。僕の経験から言うと、ちょっと違う人がいい。考え方や価値観など、根本的なところではけっこう似ていて、それでいてひとつかふたつ自分とは違うところをもっている。そういう人が何かを一緒に考えるうえでもっともいいパートナーだと思います。

そして、ひとつ気をつけたいのは、一緒に考えるからと言って、相手に頼りきらないこ

とです。基本は、ひとりのときと同じくとことん考える。妥協を排除し、ベストと思えるアイデアが出てからも、もっといいアイデアがないかを時間いっぱいまで粘って考え尽くす。そうしたアイデアを、もち寄るのがいいのだと思います。

あなたが身を置く環境では、誰かと一緒に考えたり、一緒に書いたりすることはできるでしょうか。あなたの仕事の中にもし文章を書く場面があったら、試しにふたりでやってみてください。ひとりでやるべきだと考えられている仕事であっても、気の合う同僚に声を掛け、ふたりで取り組んでみてください。ふたりのあいだで生まれるものは、ひとりのときのアイデアや発想とはきっと大きく異なるはずです。

「大人たばこ養成講座」のお作法

本書も最後の一節となりました。ここまで、お付き合いいただいて本当にありがとうございます。

僕は本書を書くうえで、ルールを自分に課していました。自分の考えをおしつけないこと。「売り言葉」「買い言葉」という切り口で、広告コピーを考察した僕なりの研究報告であることを忘れないこと。このふたつです。たとえ真理だとしても「こうしなさい」という命令口調には、人々を心から動かす力はないと思うからです。街を歩いていて悲しい気持ちになるのは「駐車禁止」「飲食禁止」といった立て看板を見かけたときです。世の中は、禁止事項であふれています。こうした言葉に、どれほどの効力があるのでしょう。罰則が怖くて従っているだけで、気持ちよく従う人はいないのではないかと思います。

この節では、そんな僕なりの考えを実践している仕事をご紹介させていただきます。本書の前のほうでもご紹介した日本たばこ産業の「大人たばこ養成講座」という広告シリーズで、喫煙者のマナー向上を目的とした広告です。でも、いわゆる禁止事項を列挙するような説教くさいものではありません。さまざまなシチュエーションごとの「お作法」を、たばこのマナーと掛け合わせて伝えていくというものです。たとえば、その中の一編「初級編　ボウリング場のお作法。」をご紹介しましょう。

同じスコアテーブルを他人と共有する場合、ご挨拶を交わすこと。

第一投、とにかく前に投げること。決して、見守る仲間をなぎ倒さないこと。

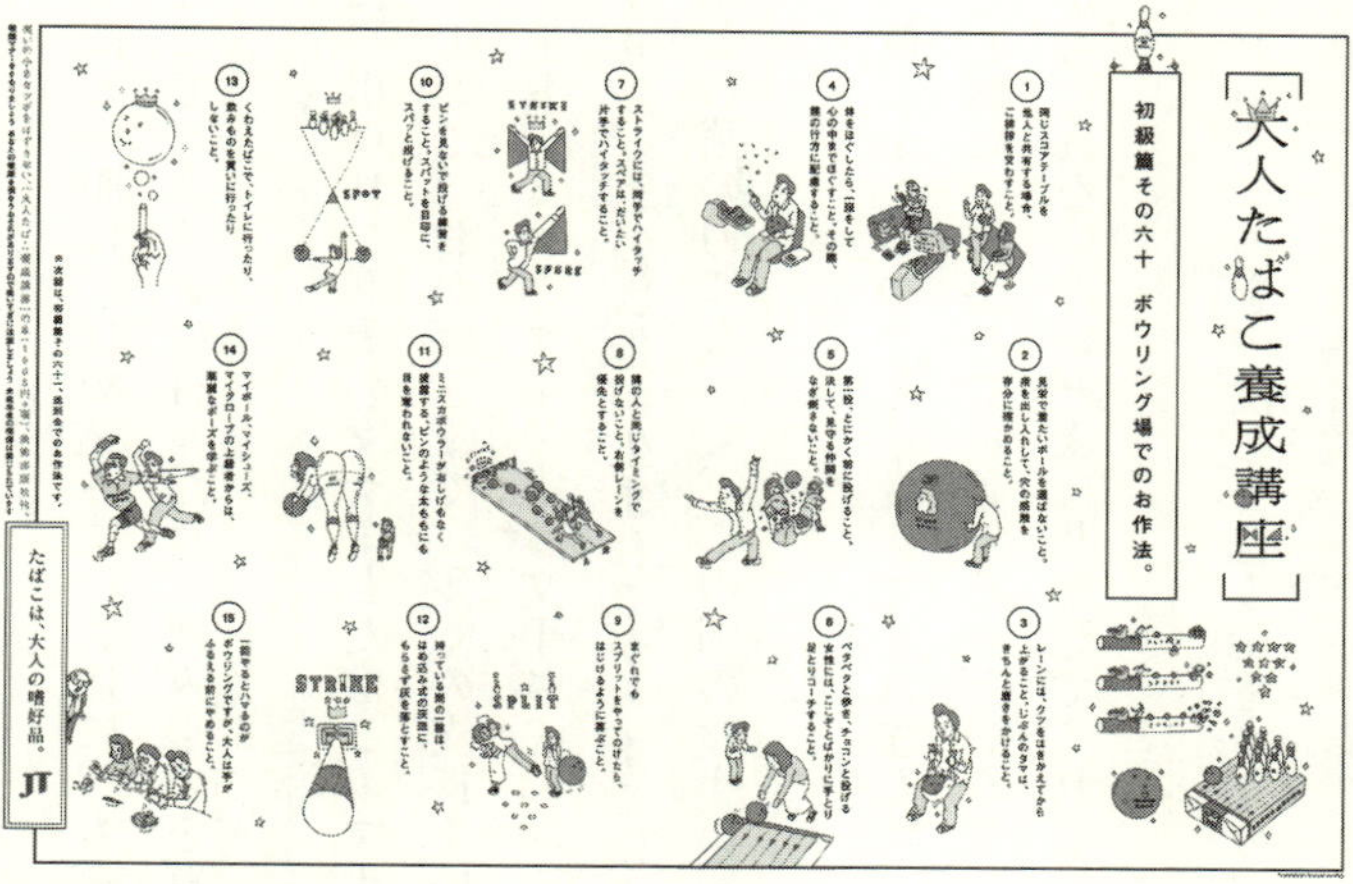

日本たばこ産業
岡本欣也
2004年

待っている間の一服は、はめ込み式の灰皿に、もらさず灰を落とすこと。
くわえたばこで、トイレに行ったり、飲みものを買いに行ったりしないこと。

こんな具合に、ボウリング場のマナーとたばこのマナーを掛け合わせるのです。それも少しゆるめのトーンで。おかげさまで、多くの支持をいただいているこの広告、その魅力の中心には、アートディレクター・寄藤《よりふじ》文平さんのユーモラスなイラストがあることは言うまでもありません。この広告が生まれてからすでに十年以上（ご長寿広告の、いよいよ仲間入りです）。絵と言葉の力によって、この国のマナー向上にわずかながら貢献できた気がします。

この広告は、僕にふたつのことを教えてくれました。たとえ伝える相手にとって耳の痛い話でも、伝える側に、相手の心を動かそうという意志と努力とそれをつづける力があれば、少しずつかもしれないけれど人は共感してくれる、進んで行動に移してくれるということ。

そして、自分というものを、決して包み隠さず、カッコをつけず、それをそのまま言葉にすれば、人はかなりの確率で理解、共感してくれるということ。

だから、思うのです。あなたの言葉も、きっと人の心を動かすことができる。本書を手に努力しようと思った時点で、変化ははじまっているのです。迷ったとき、悩んだときは、本書を大いに参考にしてください。少しでも、あなたの力になることができたら、これほどうれしいことはありません。僕もまだまだがんばりますから。

テレビ、新聞、雑誌、交通、ＷＥＢ。たった一日で区切ったとしても、数え切れないほどの広告コピーがこの世に生まれ、そして消えていきます。刹那的である、そのことを嘆くつもりはありません。

ただ、どんなにすばらしいコピーも、その滋味をゆっくりしっかり味わう間もなく、新しい情報に背中を押され、退場していく。その様をあまりに立て続けに見ていると、とてもじゃないが、忍びない、申し訳ない、何よりもったいない、という気持ちでいっぱいになるのです。

だから、本書に収めた広告コピーの数々を、いまいちど、みなさんにお届けできることは、僕にとって無上の喜び、それだけで大満足、なんですが、今回は決して「伝える」だけで終わらないよう、それ相応の熱量をこの一冊にきちんと込めたつもりです。

とても小さなこの本と出会ったあなたが、ひとつでも何かを感じてくれたら。そのことを祈りつつ、ひとまず筆を擱《お》こうと思います。

本書では、二〇〇本以上ものコピーを掲載させていただきました。まずは、そのひとつひとつの制作者のみなさまに、心から感謝いたします。本当に、ありがとうございます。

そして、この本をお読みいただければわかるように、僕に「すべて」を教えてくれた岩崎俊一さん、ふだん、ちゃんと言えていないのでこの場を借りてお礼を言わせていただきます。本当に、ありがとうございます。

さらに、これらの膨大な数のコピーを、「売り」と「買い」にわけるという、ある種無謀とも言える取り組みに力を貸してくれた同志のみんな、編集者の山北健司さん、コピーライターの北野早苗さん、オカキンスタッフの武井宏友、後藤尾道、ついでにオカヤヨ、そして急なお願いにも関わらず快く帯のイラストを描いてくれた寄藤文平さん、今回はいろいろとご迷惑をおかけしました。みんながいなければ、この本は一ページもできていなかったと思います。本当に、ありがとう。

二〇一三年六月一六日

岡本欣也

編集協力　武井宏友
北野早苗
後藤尾道
校閲　酒井清一
DTP　佐藤裕久

＊本書で紹介したコピーの発表年は、一部『コピー年鑑』に掲載された年を参考にしました。

岡本欣也 おかもと・きんや
1969年、東京都生まれ。コピーライター。
岩崎俊一事務所を経て、2010年オカキン設立。
キリン、ホンダ、日本たばこ産業、イオン、
NTTドコモなど数々の広告を手がける。
日本郵政やミツカンなど、岩崎俊一氏との共作も多数。
東京コピーライターズクラブTCC賞。ACC、ADC、朝日、
読売、日経新聞広告賞など受賞多数。
宣伝会議コピーライター養成講座講師。

NHK出版新書 412
「売り言葉」と「買い言葉」
心を動かすコピーの発想
2013(平成25)年7月10日 第1刷発行

著者 岡本欣也 ©2013 Okamoto Kinya
発行者 溝口明秀
発行所 NHK出版
〒150-8081東京都渋谷区宇田川町41-1
電話 (03) 3780-3328 (編集) (0570) 000-321 (販売)
http://www.nhk-book.co.jp (ホームページ)
振替 00110-1-49701

ブックデザイン albireo
印刷 啓文堂・近代美術
製本 藤田製本

Printed in Japan ISBN978-4-14-088412-6 C0295

NHK出版新書好評既刊

超入門・グローバル経済
「地球経済」解体新書
浜 矩子
複雑怪奇な「グローバル経済」を、市場、通貨、金融、通商、政策の五つのアプローチで解きほぐす。人気エコノミストによる待望の領域横断的入門書。
396

中国 目覚めた民衆
習近平体制と日中関係のゆくえ
興梠一郎
習近平の中国はどこへ向かうのか？ 反日デモやネット世論の検討から、民衆の覚醒と共産党の危機をあぶりだし、巨大国家の深部に迫る意欲作。
397

終末の思想
野坂昭如
敗戦の焼け野原から、戦後日本を見続けてきた作家が、自らの世代の責任を込めて、この国が自滅の道を行き尽くすしかないことを説く渾身の一冊。
398

ブッダとなったのか
ゴータマは、いかにして
本当の仏教を学ぶ一日講座
佐々木閑
いま、仏教から私たちが学ぶべきものは、〝信仰〟ではなく、〝自己鍛錬〟だ。6つのテーマ（講座）を軸にブッダ本来の教えを知る。
399

資本主義という謎
「成長なき時代」をどう生きるか
水野和夫
大澤真幸
資本主義とは何か？ 一六世紀からの歴史をふまえ、世界経済の潮流を見据えながら「成長なき時代」のゆくえを読み解くスリリングな討論。
400

この道を生きる、
心臓外科ひとすじ
天野 篤
「真の努力」とは何か。トラブルに動じない不動心をどう身につけたのか。天皇陛下の執刀医が明かす「偏差値50の人生哲学」。
401

NHK出版新書好評既刊

したたかな韓国
朴槿恵《パククネ》時代の戦略を探る

浅羽祐樹

朴槿恵《パククネ》は、明快な戦略がものをいう韓国政治を体現した大統領である。政治学者の実証的分析から、転換期を迎えた日韓関係の「次の一手」を探る。

402

ギリシャ神話は名画でわかる
なぜ神々は好色になったのか

逸身喜一郎

嫉妬ぶかく、復讐心に燃え、呆れるほどに好色。「理不尽」な神々を描いたルネサンス・バロック期の名画から、ギリシャ神話の世界を案内する。

403

いのちを守る気象情報

斉田季実治

台風、大雨、地震など8つの大きな自然災害について、その基本メカニズムや予報・警報の見方、そしてそれをどう実際の行動に結びつけるかを徹底解説。

404

憲法の創造力

木村草太

憲法の原理からどう良きルールを創造すべきなのか。君が代斉唱、一票の格差、9条などホットな憲法問題を題材に考察する実践的憲法入門書。

405

政治の終焉

御厨 貴
松原隆一郎

政党政治はなぜかくも空洞化したのか。「改革」幻想の20年間を検証し、コミュニティ再構築から真の保守のありかたまで、喫緊の課題を徹底討議！

406

登山の哲学
標高8000メートルを生き抜く

竹内洋岳

日本人初の8000m峰全14座完頂を果たした登山家が、病弱だった少年時代からの歩みを辿りながら、難局を乗り越えるための哲学を明かす。

407